LA OPORTUNIDAD DE EDUCAR CON INCLUSIÓN
Propuestas para trabajar con jóvenes en Educación Sexual Integral

La oportunidad de **educar** con **inclusión**

Propuestas para trabajar con jóvenes en **EDUCACIÓN SEXUAL INTEGRAL**

Compilación
Ps. Andrea P. Travaini
Directora Instituto Municipal de la Mujer (IMM)

Autoras
Magíster Lilian Diodati
Magíster Elena Barbieri
Psicóloga Claudia Paz
Lic. en Comunicación Social Carolina Monje
Psicóloga Mariana Regules

Colaboración
Lic. Marcela Ferraro

Travaini, Andrea
    La oportunidad de educar con inclusión: propuestas para trabajar con jóvenes
    en Educación Sexual Integral / Andrea Travaini; compilado por Andrea Travaini.
    - 1a ed. - Rosario: Homo Sapiens Ediciones, 2016.
    84 p.; 24 x 17 cm.

    1. Educación Sexual. I. Travaini, Andrea , comp. II. Título.
    CDD 613.9071

© 2016 • **Homo Sapiens Ediciones**
Sarmiento 825 (S2000CMM) Rosario | Santa Fe | Argentina
Tel: 54 341 4406892 | 4253852
editorial@homosapiens.com.ar
www.homosapiens.com.ar

Ilustraciones de tapa e interior: Luciana Grossi
Coordinación editorial: Laura Di Lorenzo

Este libro se terminó de imprimir en abril de 2016
en **Talleres Gráficos Fervil** | Santa Fe 3316 | Tel. 0341 4372505
fervilimpresos@gmail.com | 2000 Rosario | Santa Fe | Argentina

Índice

Prólogo

Trabajar por y para la educación es siempre trabajar por y para el futuro. Cuando hace dos años el Municipio de Rosario publicaba su primer libro en educación no sexista, tomando la iniciativa en un tema que trasciende a los estados locales pero en el que estamos orgullosos de aportar ya que apunta al fortalecimiento de niños, niñas y jóvenes, advertíamos que es necesario atender especialmente las prioridades de los nuevos y nuevas ciudadanos y ciudadanas.

Por eso, desde el Instituto Municipal de la Mujer (IMM) —organismo público que impulsa las transformaciones necesarias para alcanzar una sociedad igualitaria y sin discriminaciones— apostamos una vez más por una educación no sexista para niños y niñas, con este segundo volumen que se suma a aquella publicación que realizamos en un trabajo cultural articulado entre la editorial rosarina Homo Sapiens y el estado municipal.

Celebramos este nuevo esfuerzo compartido recordando que la escuela es el ámbito natural de pertenencia de niños, niñas y jóvenes y que es allí donde se construye día a día una sociedad nueva, inclusiva, igualitaria y posible.

Dra. Mónica Fein
Intendenta
Municipalidad de Rosario

Introducción

Con una trayectoria de más de veinticinco años en la implementación de políticas públicas con perspectiva de género, el municipio de Rosario ha desarrollado un trabajo constante con el objetivo del fortalecer la construcción de prácticas sociales inclusivas, igualitarias y antidiscriminatorias.

La creación del IMM representa otra etapa en el proceso de institucionalización de la perspectiva de género ya que la implementación de estas políticas públicas posibilita la construcción de herramientas conceptuales sobre la cual van a girar buena parte de las líneas de acción del organismo, entre ellas la de equidad.

Equidad de género que evidencia que el tratamiento igualitario entre varones y mujeres a veces no es suficiente para alcanzar la plena igualdad, ya que un tratamiento igualitario en condiciones dispares bien puede significar la perpetuación de la disparidad. Una situación que amerita una profundización de un tipo particular de políticas públicas, una en donde las mujeres en tanto integrantes de la comunidad política vean habilitado y facilitado el tránsito hacia la construcción de una ciudadanía donde la igualdad de oportunidades que garantiza el derecho humano a la no discriminación se complemente con otras políticas que implementen acciones y garanticen derechos apuntando a igualar posiciones sociales.

En virtud de lo expuesto podríamos afirmar que la articulación entre género y equidad equivale a una potenciación mutua en un contexto de igualdad de oportunidades, que posibilite el traspaso de los límites de la estrategia paralela para ser una política integral e integrada.

La incorporación de la dimensión de género en las políticas públicas aconseja la implementación de proyectos específicos orientados a las mujeres, que responden a la singularidad de la situación de las mismas y a la necesidad de implementar medidas de discriminación positiva para contrarrestar las desventajas iniciales que comparten algunos grupos de mujeres. Así, desde el IMM se han trazado líneas de acción que se están traduciendo en diferentes proyectos, programas y acciones que concentran sus objetivos básicamente en prevención de violencia hacia las mujeres y promoción de todos sus derechos.

El IMM, en el marco del diseño de políticas públicas en torno al derecho a una cultura libre de sexismo, contribuye al impulso de una educación no sexista de niñas, niños, adolescentes y jóvenes, como uno de los ejes claves a la hora de pensar en acciones de prevención de la violencia de género.

De este modo podemos destacar la publicación de *La Educación Sexual Integral va a la escuela. Propuestas posibles para implementar en el aula*, un texto que ha significado la materialización de estos objetivos ya que, en tanto manual orientador de experiencias y actividades, apela a la construcción de un proceso de instauración de mecanismos de prevención de violencias tempranas, asumiendo como direccionalidad y desafío la transformación de las estructuras sociales, culturales e ideológicas que siguen fortaleciendo relaciones desiguales entre personas con diferente acceso a bienes materiales y simbólicos, como también entre personas de diferentes capacidades, etnias u orientación sexual.

Romper con el modelo educativo basado en la diferenciación de niñ@s a partir de deseos, roles y características de acuerdo al sexo implica centrar la mirada sobre una educación abierta, plural que contemple todas las infancias como experiencias posibles y singulares ajustadas a las subjetividades propias.

Teniendo en cuenta lo expresado, podemos afirmar que las reflexiones que propone la implementación de la Ley de Educación Sexual Integral suponen un cambio sustancial y profundo, tanto en las reformas curriculares que su puesta en práctica implica, como también en los modos de pensar nuestro accionar cotidiano. Resulta esencial poner en jaque las ideas y los imaginarios que tenemos acerca de qué clase de alumn@s queremos "formar" en el ámbito educativo y las representaciones que giran en torno a la idea de juventud.

Es por esto que desde el Instituto de la Mujer hablamos de "juventudes", expresando la pluralidad, la diversidad de expresiones y significaciones que surgen y se enuncian de las más variadas formas, con diferentes modos de vivir, de ser, de pensar, de elegir y de habitar nuestra sociedad.

Podemos decir que aún hoy persisten visiones tradicionales y conservadoras –cargadas de estereotipos y reduccionistas– que no distinguen las múltiples construcciones identitarias existentes (género, clase, etnia, entre otras) entre l@s jóvenes.

En nuestro trabajo con las juventudes, el derecho a una cultura libre de sexismo se ha materializado en el abordaje de los Derechos Sexuales deconstruyendo los estereotipos sexuales, así como también los mitos sociales de la maternidad y las dicotomías asignadas a las "feminidades / masculinidades" como pares antagónicos y excluyentes. Esto se ha concretado en una nueva publicación, que a modo de continuación de la anterior aborda una nueva vertiente en torno a la educación libre de sexismo. La misma está elaborada con el soporte de la Ley ESI, a fin de proporcionar un instrumento en la formación a docentes y especialistas con el propósito de contribuir a la construcción de un proceso educativo que contemple la promoción de una educación antidiscriminatoria basada en la democratización de las relaciones humanas y en el abordaje integral de la educación sexual.

Así como el cambio cultural implica la profundización del reconocimiento de l@s jóvenes como sujetos de derechos, también la identificación de los estereotipos de género en todos los ámbitos socio-educativos, culturales, laborales y demás se convierten en elementos imprescindibles a la hora de combatir la violencia y la discriminación, en particular la de género.

Las actividades presentadas en esta publicación son el resultado de la implementación de una metodología en la cual el taller cumple un papel fundamental, en particular en aquellas dirigidas a diferentes grupos de jóvenes de la ciudad.

El uso de la modalidad de taller facilita la puesta en acto de un proceso de deconstrucción que desnaturaliza las relaciones desiguales y violentas, habilitando simultáneamente la reflexión en torno al desarrollo de estrategias a fin de abordar distintas situaciones de violencia de género. El presente trabajo está ordenado en tres grandes secciones: Del cuerpo disciplinado a la sexualidad integral, Desde la promoción de los derechos al abordaje del derecho a una cultura libre de sexismo y Recursero. Actividades y herramientas para poner en práctica con l@s jóvenes.

A partir de esto el texto propone un proceso de deconstrucción de un modelo biologicista de la educación en donde el fuerte disciplinamiento de los cuerpos condicionaba el desarrollo de una sexualidad plena. Una sexualidad que no era reconocida como una parte integral de los derechos humanos, hasta la sanción de una legislación que la contemple. Así la Ley de Educación Sexual Integral facilita el cuestionamiento de las asimetrías de poder. El encuadre de la Educación Sexual Integral (ESI) en la perspectiva de los derechos plantea nuevas dimensiones ligadas al tema ya que situaciones propias de la vida de l@s jóvenes aparecen ahora como objeto de nuevas políticas públicas.

Finalmente, el Recursero presenta distintas actividades a desarrollar con l@s jóvenes, a fin de que, a través del cuestionamiento de las asimetrías de poder desde la perspectiva de los derechos sexuales, se visibilicen los alcances del androcentrismo y del patriarcado como poderes no estáticos, que se reproducen y se manifiestan en las desigualdades y violencias que perviven en las sociedades, traducidos en la escritura, la palabra, la imagen, los símbolos y los imaginarios en torno a las feminidades y las masculinidades.

Primera parte

Del cuerpo disciplinado a la sexualidad integral

I. Cuerpo, escuela y construcción genérica

A lo largo del acontecer histórico –y en especial desde la modernidad– el cuerpo ha sido objeto de incontables reflexiones desde distintos campos disciplinares. Constreñido a las particularidades del tiempo y del espacio, sobre el mismo se han impuesto autorizaciones y coacciones, interdicciones y permisos, ya que ninguna cultura dejó de considerarlo origen y/o destinatario de atenciones y conflictos.

La salud y la higiene, la moral, la sexualidad, la emoción, la alimentación y la dietética, la vestimenta, las prácticas vinculadas al cuidado y a la estética son apenas algunos de los aspectos propios e inseparables de la "existencia corporal".

En tanto constructo social, el cuerpo forma parte de una red de significaciones que lo convierten en objeto y producto de la representación, a través de la cual se traducen aspectos vinculados al género, la clase, la etnia, la identidad sexual, entre otros. Una traducción que fundamentalmente ha sido vehiculizada a través de las conceptualizaciones del saber biomédico, el cual consolidado como saber hegemónico a través del desarrollo de distintas instituciones actualizó aquellos criterios científicos que apuntaron a legitimar la "normalización" de los comportamientos de hombres y mujeres (De Paz Trueba, 2007: 81).

En nuestro país, durante el último cuarto del siglo XIX, el proceso de construcción del Estado nacional vino acompañado de una redefinición de lo público y lo privado, fundamentalmente a través de la configuración de un modelo de convivencia doméstica, con la consecuente adjudicación de roles y funciones para varones y mujeres. Un modelo en donde el cuerpo cumplió con un papel fundamental al convertirse en uno de los elementos de una red discursiva que concentró sus objetivos en el disciplinamiento, tanto social como individual.

Una prédica que tuvo su principal portavoz en aquellos actores sociales que, impregnados por los postulados del higienismo, instalaron en todos los ámbitos, y en especial en el institucional, aquellos aspectos que se relacionaban con la salud pública, tanto individual como colectiva.

Así, estas conceptualizaciones se ocuparon tanto de la salubridad en las viviendas populares, como del control de las epidemias, la secularización de los cementerios, la lactancia, la tuberculosis y la prostitución, así como también de la educación del cuerpo y del espíritu de las jóvenes generaciones argentinas.

La Ley 1420 de 1884, como un emergente de este contexto ideológico, no solo propició la educación común obligatoria, laica y gratuita, sino que contribuyó al diseño de una escuela pública que incorporó en sus estrategias educativas los aportes de la medicina, la eugenesia y la puericultura, junto a otras disciplinas como la criminología.

De la mano de esos saberes contribuyó con su intervención al moderno proceso de construcción simbólica del cuerpo de la infancia (Lionetti, 2001: 33).

Estos, al fundamentarse en la maleabilidad del cuerpo infantil, posibilitaron el desarrollo de toda una batería de acciones y prácticas educativas que concentraron su atención en la promoción del cuerpo social de la nación a través de la salubridad del cuerpo individual.

En este sentido los cuerpos de niños y niñas escolarizad@s se convirtieron en l@s destinatari@s de una particular alianza entre los saberes médico y pedagógico, que se tradujo en la enseñanza de nociones elementales sobre el cuerpo humano y sus funciones, así como también sobre el aseo personal, el vestido y la alimentación. No quedó afuera la saludable influencia de la práctica de ejercicios físicos –leves, en el caso de las niñas, y militares sencillos para los varones– y fundamentalmente la educación de las sensaciones y los sentidos.[1]

Educación de los sentidos, educación "higiénica" que bajo diferentes atajos, metáforas y consejos sobre la necesidad de una "vida sana" delinearon de alguna manera los parámetros de esta proto educación sexual que, bajo los postulados eugénesicos, concentró su interés en diferenciar sexo de sexualidad. Esta asociación al higienismo reforzó la visión biologicista/ moralista hegemónica al concentrarse en tópicos tales como la prevención de enfermedades venéreas, el dominio del cuerpo con la consecuente formación de hábitos, el fortalecimiento de la voluntad, la castidad y la abstinencia, la defensa de la familia y los valores morales.

---

1. En este sentido, Lucía Lionetti (2001: 38) afirma que este proceso se complementa con la apelación a la figura de la mujer en su rol de propagadora de las ideas en la familia y en la crianza de l@s niñ@s.

Por otra parte, este abordaje del cuerpo dentro del sistema escolar se complementó con el papel adjudicado a la educación física por su impronta ordenadora, moralizadora e higiénica. Esta apelación, realizada no solo en nombre de la salud física individual sino además en nombre del orden social en virtud de su carácter moralizante, se fundaba en el presupuesto de que aquella educación del cuerpo promovía el desarrollo de las facultades racionales, favoreciendo la autodisciplina.

Con la sanción de la Ley 1420 la educación física se institucionaliza y se convierte en obligatoria tanto para varones como para mujeres en el ciclo primario.

Para las niñas, las actividades a desarrollar no debían desentonar con las "peculiaridades" del sexo débil, es decir que era necesario que las mismas contemplaran aspectos tales como el pudor, el recato, la delicadeza y la elegancia de los movimientos, ya que nunca debía perderse de vista que el lugar de la mujer era la maternidad. Para los niños, las ejercitaciones, así como el aprendizaje de ejercicios militares sencillos, no solo contribuirían a desarrollar su masa muscular, sino ante todo a configurar su masculinidad.

Este proceso de masculinización y feminización escolar se mantuvo constante durante buena parte del siglo XX, aunque paulatinamente se fueron incorporando determinadas actividades que no hicieron sino coadyuvar a su pleno funcionamiento. Así los ejercicios militares mezclados con la gimnasia, las prácticas scáuticas, las actividades lúdicas y, a partir de la década del cuarenta, los deportes, contribuyeron al reforzamiento de la "pedagogía corporal".

Un delineamiento en torno a la educación sexual que perdura hasta mediados de los años sesenta. Una concepción sobre la sexualidad vinculada a la reproducción y que se ejercía exclusivamente dentro del matrimonio, articulada con una información íntimamente ligada a la transmisión de "enfermedades venéreas". El cuerpo "enfermo" como consecuencia de la transgresión de la "legalidad". Y toda la información constreñida dentro del discurso biologicista.

Por otra parte, no podemos desconocer el impacto de las transformaciones acaecidas en los años sesenta y setenta. Cambios en el campo social y político, pero también en el privado. Tiempos de modernización cultural, radicalización política y crecimiento del consumo, pero fundamentalmente momentos de tensión para el modelo de la domesticidad, cuando el mundo privado y del cuidado a cargo exclusivamente de las mujeres, y el público de los varones ciudadanos y proveedores, comienzan a vislumbrar fisuras.

Mayor presencia de mujeres en el campo laboral, redefinición de los lazos interpersonales y de las estructuras jerárquicas familiares con la consecuente irrupción de "nuevas" formas de maternidad y paternidad, conforman un "sustrato base" sobre el cual asentar muchas de estas transformaciones. Contexto en donde es de vital importancia el impacto –y no sólo en la vida de las mujeres– generado por la aparición de la píldora anticonceptiva y la posibilidad de deslindar sexo de reproducción.

El campo educativo, por supuesto, no fue inmune a estas mudanzas. La creación de nuevas carreras universitarias, un mayor protagonismo estudiantil, el incremento del número de mujeres en la universidad, nuevas miradas sobre la moral sexual, entre otros elementos, incidieron en la necesidad de contar con herramientas que posibilitaran una intervención en la realidad que fue perfilando a la educación sexual como una alternativa para interpretar estos "desfasajes" (Felitti, 2009:7-9).

Una educación sexual que básicamente se visibilizó a través de los medios masivos de comunicación, entre los cuales se destacó la publicación de Escuela para Padres, dirigida por Eva Giberti y su esposo, el pediatra Florencio Escardó. Este proyecto comprendió una primera publicación en 1961 y otra en 1969, *Adolescencia y educación sexual*, en donde las transformaciones familiares, los nuevos roles de género, la identidad sexual, la anticoncepción, la maternidad planificada son abordados con una mirada desde la psicología y vehiculizados a través de un lenguaje de fácil comprensión.

Si bien este tipo de trabajos, junto, por ejemplo, con los desarrollados por el pastor Parrilli, quien diseña un programa de educación sexual en el establecimiento que dirige[2], dejaron su impronta en un contexto muy particular, por parte del Estado, es muy poco lo realizado. Hacia fines de la década del sesenta, por ejemplo, el Ministerio de Educación de la provincia de Buenos Aires reparte una serie de gacetillas, Guías para Padres, con un repertorio de respuestas que no hace más que dejar nuevamente en el ámbito familiar el abordaje de la sexualidad. Si bien el Estado patrocinó algunos programas piloto, no originó una política de largo plazo en este campo, mostrando incluso una conducta ambivalente, ya que la educación sexual queda en manos privadas, básicamente en manos de profesionales de la medicina y la psicología, quienes a través de su práctica diseñan una serie de materiales –académicos y de divulgación– sobre la temática.

Así, en años caracterizados por la radicalización política y las transformaciones culturales, el cuerpo cobra otra dimensión. En estos momentos el cuerpo que importa ya no es el de la niñez, sino el cuerpo de la juventud. El cuerpo de l@s jóvenes es un cuerpo peligroso. Peligroso porque ya logró desanudar algunas ligaduras que ataban su sexualidad –placer no

2. COVIFAC. Centro de Orientación de Vida en Familia y Comunidad, que funcionó en una escuela vinculada a la fe protestante en el barrio de Villa Mitre.

significa necesariamente reproducción–, peligroso porque es un cuerpo que ya no obedece ciegamente y aspira a experimentar, a mostrarse.

Más allá de estas transformaciones que se van ampliando y consolidando con el transcurso de las décadas subsiguientes, el sistema educativo se mantuvo inscripto en un modelo de corporalidad masculina y femenina que, a modo de guión generizado, no solo derivó en la creación de los mundos diferenciados por género, sino que además coadyuvó a la "normalización social" a través de abordaje del cuerpo individual.

Dentro de la gran maquinaria de la escolaridad, el cuerpo jamás perdió su protagonismo. Productora de órdenes corporales disciplinarios, homogeneizantes y binarios en un comienzo, la escuela se enfrenta en la actualidad con la necesidad de resignificar no solo al cuerpo sino además sus sensaciones, el cuidado, la sexualidad, el deseo, el placer. Un proceso que necesariamente pone en primer plano la incidencia, los alcances y los resultados ese modelo generizado.

De ahí que en un contexto mucho más complejo y contradictorio la cuestión del cuerpo sigue representando un desafío, el de construir "nuevos" sentidos y significados del y sobre el cuerpo.

II. La sanción de una ley que viene a hacer historia: la 26.150 de ESI

Durante décadas la institución escolar limitó su rol educador en relación a la sexualidad, al silencio total y/o prohibicionismo. Temor y desconocimiento fueron los pilares de una educación que utilizó todos los dispositivos del poder institucional a los fines de garantizar la reproducción de lo que Michel Foucault denomina "cuerpos dóciles".

En ese marco, la incorporación del estudio de la anatomía de varones y mujeres o el funcionamiento de los denominados "aparatos reproductores", tal como vimos en el Capítulo 1, resultaron, sin dudas, un avance.

La perspectiva biologista o el enfoque bio-médico, hoy claramente reduccionistas e insuficientes a la hora de explicar y explicarnos cómo hacerle lugar al deseo, cómo articular sin temores vínculos con el otro en condiciones de igualdad y sin violencia, fueron sin embargo avances en el contexto prohibicionista.

Ahora bien, la sanción de la Ley Nacional 26.150 –más conocida como Ley ESI– en octubre de 2006 introdujo una transformación radical en la perspectiva con la cual hasta entonces se venía delineando la inclusión de la educación sexual en la escuela media y en los diversos ámbitos de la educación no formal.

Se trata del encuadre explícito de la misma en el doble marco de los derechos humanos y la equidad de género, con una perspectiva integral del sujeto.

Este doble encuadre trae implícitos varios presupuestos que resulta oportuno desgranar. Que el acceso a una educación en sexualidad en la escuela media y/o en ámbitos de educación no formal sea parte de los derechos humanos de tod@ joven implica que se trata de un derecho de carácter inalienable. Es decir que ni la escuela como institución ni l@s educador@s pueden ya correrse de sus roles de formación en este campo.

Como segunda instancia, la misma Ley ESI ofrece un nuevo encuadre a la tarea: la perspectiva de la equidad de género. Esta doble inscripción va a significar la ruptura de abordajes sexistas, con roles estereotipados, que nieguen pluralidades y estandaricen subjetividades. Por el contrario, lo que opera allí es un reconocimiento de las diversidades en su sentido más amplio.

El concepto de sexualidad que propone la Ley ESI excede la noción de "genitalidad" y considera a la sexualidad como una construcción subjetiva que reconoce como inicio el momento del nacimiento y como cierre, el final de la vida ya que se trata de un proceso de transformación personal continua que abarca tanto aspectos biológicos, como psicológicos, sociales, afectivos y éticos.

La Organización Mundial de la Salud, define sexualidad así:

> "El término 'sexualidad' se refiere a una dimensión fundamental del ser humano. Se expresa en pensamientos, fantasías, deseos, creencias, actitudes, valores, actividades, prácticas, roles y relaciones. La sexualidad es el resultado de la interacción de factores biológicos, psicológicos, socioeconómicos, culturales, éticos y religiosos o espirituales. En resumen, la sexualidad se practica y se expresa en todo lo que somos, sentimos, pensamos y hacemos."

En esta definición empieza a aparecer la noción de "integralidad" que nombra la sigla ESI (Educación Sexual Integral). Tal como lo afirma la OMS, esta perspectiva integral entiende la sexualidad como gravitante en "todo lo que somos, sentimos, pensamos y hacemos".

Así es que los objetivos definidos desde el propio texto de la Ley ESI son:
- el desarrollo de saberes y habilidades para el conocimiento y cuidado del propio cuerpo;
- la valoración de las emociones y de los sentimientos en las relaciones interpersonales;

- el fomento de valores y actitudes relacionados con el amor, la solidaridad, el respeto por la vida, la integridad y las diferencias entre las personas;
- el ejercicio de los derechos relacionados con la sexualidad, el cuidado del cuerpo y la promoción de la salud en general y la salud sexual y reproductiva en particular.

Asumir la educación sexual desde una perspectiva integral demandará conjugar saberes que involucren aspectos cognitivos, del plano afectivo y de las prácticas concretas vinculadas al convivir en sociedad.

Tal como lo indica el Cuaderno "Educación Sexual Integral para la Educación Secundaria. Contenidos y propuestas para el aula", editado por la Subsecretaría de Equidad y Calidad Educativa, Programa Nacional de Educación Sexual Integral (2011):

> "Cuando pensamos en propuestas que apuntan a generar aprendizajes de tipo cognitivo, entendemos no sólo acercar información científicamente validada, acorde a cada etapa de desarrollo; también el conocimiento de derechos y obligaciones y el trabajo sobre los prejuicios y las creencias que sostienen actitudes discriminatorias.
>
> Con respecto al plano de la afectividad, consideramos que, desde la escuela, es posible trabajar para desarrollar capacidades como la solidaridad, la empatía, la expresión de los sentimientos en el marco del respeto por los y las demás y por sus diferencias. Este aspecto puede resultar novedoso, ya que, habitualmente, las competencias emocionales fueron poco abordadas desde la escuela tradicional. De alguna manera, se daba por sentado que se trataba de cuestiones que se aprendían espontáneamente en la familia, y también con la madurez que va brindando la experiencia. Sin desmerecer la vía de aprendizaje informal que constituye la experiencia de vivir, es posible diseñar enseñanzas sistemáticas, orientadas a generar formas de expresión de los afectos que mejoren las relaciones interpersonales y promuevan el crecimiento integral de las personas".

El encuadre de la Educación Sexual Integral (ESI) en la perspectiva de los derechos plantea nuevas dimensiones ligadas al tema ya que, situaciones propias de la vida de los jóvenes aparecen ahora como objeto de nuevas políticas públicas.

Allí la escuela recupera su función igualadora de oportunidades para todos y todas. Y paradojalmente esto lo garantiza el reconocimiento de las diversidades. Algunas iniciativas han requerido incluso la sanción de leyes específicas, tanto nacionales como provinciales.

Es, por ejemplo, el caso de la Ley Nacional de Educación 26.206 que en su artículo 81 indica que "las autoridades jurisdiccionales garantizarán el acceso y permanencia en la escuela de las alumnas en estado de gravidez, así como durante la maternidad", reconociendo las maternidades y paternidades adolescentes como objeto de una política pública de contención y acompañamiento estatal.

O de la Ley Nacional 25.584/02 de "Acciones contra alumnas embarazadas", por la cual se prohíbe toda acción en el ámbito escolar que impida el inicio o la continuación del ciclo escolar de cualquier alumna embarazada.

Lo mismo ocurre con la Ley Nacional 25.273/00 sobre el "Régimen especial de alumnas embarazadas", que establece un régimen de inasistencias justificadas por razones de gravidez para alumnas que cursen los ciclos de enseñanza Primaria, Secundaria y Superior no universitaria, en establecimientos de jurisdicción nacional, provincial o municipal y que no posean una reglamentación con beneficios iguales o mayores que las que otorga esta ley.

A su vez, algunas jurisdicciones han sumado normativas más específicas aún para reglamentar tipos de intervención deseable en cada caso.

Sin embargo, a cada uno de los avances normativos logrados debe necesariamente sucederle una transformación de índole cultural, institucional y subjetiva por parte de los educadores/formadores que asumen roles al interior de las instituciones educativas. En ese proceso nos coloca la sanción de la Ley ESI.

La idoneidad nos obliga al reconocimiento de un "no saber". Efectivamente las cuestiones de sexualidad estuvieron ausentes de la formación docente y de la formación de la mayoría de quienes ocupan hoy espacios de responsabilidad social, por décadas.

Se hace necesario nuevamente revisar la historia de la definición de la "sexualidad como problemática o temática. Reducida a un problema "biomédico" parecería pertinente la presencia de "especialistas" en las aulas que tratan los problemas de forma "técnica", habitualmente médicos. Más allá del dudoso efecto pedagógico real que pueda tener una charla aislada en el marco también de materias como Biología o Ciencias Naturales, se trata de otra forma de "despolitizar" a la sexualidad. Y por ende de sustraerla del marco de derechos constitucionales en el que hoy ya está inscripta para siempre, tal como indica la Ley Nacional 26.150, sancionada en octubre de 2006.

Cada institución, aun con la libertad de construir un proyecto pedagógico propio que cada una disponga, hoy cuenta con leyes nacionales y pactos internacionales que consagran derechos de niñ@s y jóvenes, que deben ser respetados como "marco común de ciudadanía" ya que garantizan igual sujeción a la legislación vigente.

Un planteo habitual de docentes y formadores ante tamaña responsabilidad es cómo podrán hacerle frente a esto sin mezclar sus propias historias, experiencias y/o trayectorias pedagógicas con el nuevo enfoque.

Muchas y muchos se plantean cómo lograr que no terminen imponiéndose miradas preconceptuosas que cada un@ tiene naturalizadas y que hoy están no solo fuera del registro de la Ley ESI sino incluso enfrentadas a la misma.

La pregunta viene siendo respondida desde 2008 con la producción sistemática de materiales y cuadernillo "oficiales" que el Ministerio de Educación de Nación distribuye por diversas vías y en variados soportes (papel, web, etc.). Pero pareciera que esto no alcanza ya que enseñar implica siempre a la vez el doble proceso de aprender o re-aprender y en relación a los contenidos de la Ley ESI. Tal vez sea necesario para l@s educadores/as poner en crisis visiones absolutamente naturalizadas acerca de cómo "se debe" ser varón o ser mujer, o qué sucederá si una joven se embaraza, o si un/a alumn@ tiene derecho a ser reconocid@ por su género y no por su sexo.

En síntesis, se podría decir que l@s educadores/as están frente a la construcción de un rol que en algunos casos será totalmente nuevo y en otros no tanto ya que much@s han incluido ya en la práctica la perspectiva de la ESI.

Se trata de entender que los cuerpos están inscriptos en una red de relaciones sociales que les da sentido y que su uso, disfrute y cuidado (es decir, las prácticas en las que los comprometemos) siempre están fuertemente condicionados.

Se trata de formarse para encarar el trabajo desde el profesionalismo docente, y no desde las experiencias personales vividas.

Los recursos son numerosos y, una vez asumidos los objetivos, es decir el por qué y para qué de la Ley ESI en la escuela, los dispositivos para propiciar la difusión de información oficial y fidedigna no serán muy diferentes a los que se utilizan para brindar información sobre el resto de las disciplinas incorporadas a la currícula.

Lo novedoso del rol docente frente a esta temática radica fundamentalmente en la construcción de ámbitos de "escucha responsable" de l@s alumnos, garantía que la institución en primera instancia y cada docente después deberán ofrecer.

Un rol docente que apele a desarrollar un compromiso profesional, en donde la formación debe poner en crisis los modelos adquiridos e interpelar el paradigma genérico binario. En el ámbito de la sexualidad la intervención es mucho más desafiante, debe ayudar a pensar, a habilitar la autopercepción y fundamentalmente a promover el ejercicio de una sexualidad elegida libremente, sin violencias ni riesgos. Los derechos sexuales deben enmarcarse en una política de derechos humanos y construir dispositivos institucionales que favorezcan el pleno ejercicio de estos derechos.

III. **Derechos Humanos. Derechos Sexuales y Reproductivos**

La expresión "derechos humanos" hace referencia a las libertades, reivindicaciones y facultades propias de cada individuo por el solo hecho de pertenecer a la raza humana. Esto significa que son derechos de carácter inalienable (ya que nadie, de ninguna manera, puede quitarle estos derechos a otro sujeto más allá del orden jurídico que esté establecido) y de perfil independiente frente a cualquier factor particular (raza, nacionalidad, religión, sexo, etc.).

Los derechos humanos también se caracterizan por ser irrevocables (no pueden ser abolidos), intransferibles (un individuo no puede "ceder" sus derechos a otro sujeto) e irrenunciables (nadie tiene el permiso para rechazar sus derechos básicos). Aun cuando se encuentran amparados y contemplados por la mayoría de las legislaciones internacionales, los derechos humanos implican bases morales y éticas que la sociedad considera necesario respetar para proteger la dignidad de las personas.

La Declaración Universal de los Derechos Humanos, adoptada por las Naciones Unidas en 1948 y conocida como Carta Internacional de los Derechos Humanos, señala que, al nacer, todos los hombres y mujeres son libres e idénticos en materia de derechos y dignidad y deja clara su postura de rechazo hacia la esclavitud, la servidumbre, las torturas y los tratos que puedan ser considerados como inhumanos, degradantes o crueles.

Todos los seres humanos nacen con derechos que les pertenecen, sin importar la raza, la cultura, la nacionalidad o la religión que posean. Los derechos humanos son patrimonio de la Humanidad y trascienden las fronteras nacionales.

En la Conferencia Mundial sobre la Población y el Desarrollo (CIPD) realizada en 1994 en El Cairo, Egipto y la Cuarta Conferencia Mundial sobre la Mujer (CCMM) realizada en Beijing, China, 1995, se determinó que hay derechos Humanos que tienen que ver con nuestra vida sexual y reproductiva.

Estas conferencias contribuyeron a dar forma y a definir una base conceptual compartida sobre el contenido de los derechos reproductivos y, simultáneamente, a poner en marcha programas de acción para convertir este concepto en realidad. Igualmente significó un cambio de perspectiva en la atención de la salud de las mujeres, vista no solo a partir de su edad reproductiva, como vientres procreadores a los que había que inducir a tener hij@s o como objeto de control poblacional, sino abordada desde la niñez y desde un enfoque integral que lleve a su bienestar y a su autonomía.

Los derechos sexuales y reproductivos son reconocidos como determinantes de los procesos para mantener y mejorar la salud, ya que son garantía de una sexualidad e intimidad libre de interferencias, de acuerdo a las expresiones y necesidades individuales (OPS, Organización Panamericana de la Salud - 2000):

> Derechos sexuales: son aquellos derechos que aseguran el disfrute de una vida sexual libremente elegida, satisfactoria, sin violencia ni riesgos.
>
> Derechos reproductivos: son los derechos que se refieren a la posibilidad de decidir en forma autónoma y sin discriminación si tener o no tener hijos, cuántos hijos tener y el espaciamiento entre sus nacimientos, para lo que se requiere disponer de información suficiente y acceso a los medios adecuados.
>
> Derechos Sexuales y reproductivos:
> - El derecho al pleno respeto a la integridad del cuerpo.
> - El derecho a la educación y la información en sexualidad.
> - El derecho a explorar la propia sexualidad sin miedo, vergüenza, falsas creencias y culpas.
> - El derecho a expresar la sexualidad independientemente de la reproducción.
> - El derecho a decidir si se quiere o no tener hij@s, y cuándo.
> - El derecho a la vida: a no morir por causas evitables relacionadas con el embarazo o el parto.
> - El derecho a la salud sexual, para lo cual se requiere acceso a toda la información sobre sexualidad y salud, educación y servicios confidenciales de la más alta ca-

lidad posible.

- El derecho a una vida libre de violencia, que rechaza las agresiones físicas, sicológicas y sexuales.
- El derecho a la libertad y a la seguridad, decidiendo tener o no relaciones sexuales, con quién y con qué frecuencia.
- El derecho a casarse o no y de formar o no una familia.
- El derecho a la atención y protección de la salud y el derecho a los beneficios del progreso científico.
- El derecho a la intimidad y a confiar los sentimientos de la vida privada a quien se estime conveniente, ya sea médic@, matrona u otro personal de salud.

Es necesario que desde todos los organismos públicos y las instituciones se diseñen políticas para implementar su conocimiento y brindar la seguridad de su cumplimiento.

La Argentina cuenta con una serie de leyes que conforman el marco legal para la defensa de los derechos sexuales y reproductivos:

Ley 25.673

Sancionada: 30 de octubre de 2002 - Promulgada: 21 de noviembre de 2002

Créase el Programa Nacional de Salud Sexual y Procreación Responsable, en el ámbito del Ministerio de Salud.

Ley 26.130

Sancionada: 9 de agosto de 2006 - Promulgada: 28 de agosto de 2006

Anticoncepción quirúrgica: Establécese que toda persona mayor de edad tiene derecho a acceder a la realización de las prácticas denominadas "ligadura de trompas de Falopio" y "ligadura de conductos deferentes o vasectomía" en los servicios del sistema de salud.

Ley 26.150

Sancionada: 4 de octubre de 2006 - Promulgada: 23 de octubre de 2006

Establécese que todos los educandos tienen derecho a recibir educación sexual integral en los establecimientos educativos públicos, de gestión estatal y privada de las jurisdicciones nacional, provincial, de la Ciudad Autónoma de Buenos Aires y municipal.

Es sobre esta última ley que debe generarse un cambio, a través de una necesaria transformación para construir y desarrollar dispositivos institucionales que favorezcan el conocimiento de los derechos sexuales y reproductivos por parte de l@s jóvenes.

Ley 26.485

Sancionada: 11 de marzo de 2009 - Promulgada de Hecho: 1 de abril de 2009
Ley de protección integral para prevenir, sancionar y erradicar la violencia contra las mujeres en los ámbitos en que desarrollen sus relaciones interpersonales.

Ley 26.743

Sancionada: 9 de mayo de 2012 - Promulgada: 23 de mayo de 2012
Establécese el derecho a la identidad de género de las personas.

Segunda parte

Desde la promoción de los derechos al abordaje del derecho a una cultura libre de sexismo

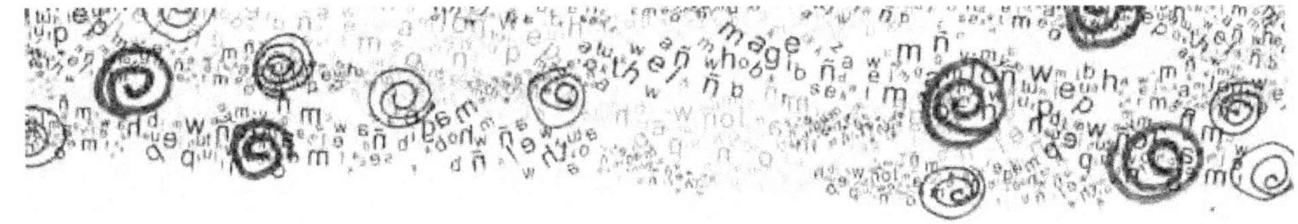

En el marco de la promoción de los derechos humanos de las mujeres, el Instituto Municipal de la Mujer de Rosario, Santa Fe, viene fortaleciendo la construcción de prácticas sociales inclusivas, igualitarias y antidiscriminatorias. En este contexto, y con más de veinte años de trabajo en
la temática, se ha establecido un diálogo con las diferentes organizaciones
de la sociedad civil, tales como establecimientos de educación formal e
informal con el objetivo de profundizar el diseño de políticas públicas en
torno al derecho a una cultura libre de sexismo.

> "Realizar el derecho de l@s jóvenes a una cultura libre de
> sexismo significa identificar el sexismo y el androcentrismo
> en los imaginarios individuales y colectivos, en los espacios de
> construcción de conocimiento y sabiduría, en los ámbitos de
> producción, circulación y disfrute del arte, la recreación y el
> deporte, en la vivencia y valoración de los cuerpos y de la vida
> cotidiana, en las formas de vestir, en las modas, en las can-
> ciones, en lo que se nombra y lo que se silencia, en lo que se
> consagra como autóctono y propio, y lo que se descarta como
> ajeno" (Equipo Política Pública y de Mujer y Géneros, 2005).

Así como el cambio cultural implica la profundización del reconocimiento de l@s jóvenes como sujetos de derechos, también la identificación
de los estereotipos de género en todos los ámbitos socio-educativos, culturales, laborales y demás se convierten en elementos imprescindibles a la
hora de combatir la violencia y la discriminación, en particular la de género.

Por otra parte, el cuestionamiento hacia las prácticas sociales, comu-
nitarias y educativas en las que androcentrismo y el sexismo imperan,

permite desarticular formas de control de las subjetividades que refuerzan y/o reproducen la subordinación.

Dentro de los objetivos del programa nacional de Educación Sexual Integral, que contempla la Ley 26150, se encuentran promover la igualdad de trato y oportunidades entre varones y mujeres, como así también fomentar el pleno ejercicio de los derechos a desenvolverse en ambientes sin discriminación saludables y respetuosos de dichos derechos.

La violencia es una clara y habitual manifestación de vulneración de derechos. La Organización Mundial de la Salud define a la violencia como "El uso de la fuerza o el poder físico de uno mismo, otra persona o un grupo, o una comunidad, que cause o tenga posibilidades de causar lesiones, muerte, daños psicológicos, trastornos del desarrollo o privaciones".

La actualidad social y cultural da cuenta de pluralidades entre las juventudes, a su vez en constante transformación. Cualquier definición de violencia está sujeta también a los cambios culturales, por lo que se hace necesario circunscribir y enmarcar este fenómeno de las violencias al presente.

En cualquier tipo de violencia se reproducen siempre relaciones de poder asimétricas. En modelos patriarcales, las mujeres desempeñan roles de subordinación con respecto a los varones, quienes se definen a partir de los estereotipos de la fuerza física, la independencia, la autonomía, la provisión, entre otros. En tanto, ellas aparecen débiles, sumisas y dependientes, por nombrar algunas características habitualmente signadas culturalmente. Tal es la fórmula central de la violencia hacia las mujeres, que asume múltiples formas de presentarse y no solo es causa del padecimiento de muchas sino que en su forma extrema se manifiesta como femicidio.

La escuela tiene hoy dentro de sus incumbencias el acompañamiento y la denuncia ante cualquier manifestación que atente o vulnere los derechos en la comunidad educativa. Estas violencias necesitan ser abordadas por medio de estrategias de intervención donde prevalezca la promoción de espacios de diálogo y reflexión.

La necesidad de impulsar la educación no sexista de niñas, niños y jóvenes es uno de los ejes a la hora de pensar en acciones de prevención de la violencia de género como política pública.

I. **Desde los derechos sexuales y reproductivos a los derechos sexuales de las juventudes**

Tal lo expresado con anterioridad, las reflexiones que propone la implementación de la Ley de Educación Sexual Integral suponen un cambio sustancial y profundo, tanto en las reformas curriculares que su puesta en práctica implica, como también en los modos de pensar nuestro accionar cotidiano. Resulta esencial poner en jaque las ideas y los imaginarios que tenemos acerca de qué clase de alumn@ queremos "formar" en el ámbito educativo y las representaciones que giran en torno a la idea de juventud.

Podemos decir que aún hoy persisten visiones tradicionales y conservadoras –cargadas de estereotipos y reduccionistas– que no distinguen las múltiples construcciones identitarias existentes (género, clase, etnia, etc.) entre l@s jóvenes.

Es por esto que desde el Instituto de la Mujer hablamos de "juventudes", expresando la pluralidad, la diversidad de expresiones y significaciones que surgen y se enuncian de las más variadas formas, con diferentes modos de vivir, de ser, de pensar, de elegir y de habitar nuestra sociedad.

Hace casi diez años que el Municipio de Rosario viene desarrollando el programa de "Equidad Educativa para Alumnas Madres y Embarazadas". El mismo, desde un abordaje multidisciplinar, tiene por objetivo que las niñas/jóvenes puedan sostener su inclusión y participación en el sistema educativo formal, además de brindarles herramientas para que puedan construir su proyecto de vida, en algunos casos junto a sus parejas y, en la mayoría de ellos, solas junto a sus hij@s.

A través del trabajo realizado en talleres abordando temáticas como violencia hacia la mujer, noviazgos violentos, derechos sexuales y reproductivos, se construye un espacio en el cual las jóvenes pueden expresar vivencias, temores y proyectos que resultan fundamentales para ampliar su acceso a derechos.

En este marco, las maternidades se plantean desde lo electivo pero sin otorgarle de ningún modo el sesgo de un proyecto excluyente en la vida de las mujeres. Las instituciones abocadas a promover derechos –como la escuela– deben acompañar los cambios sociales que, en diversas ocasiones, implican un replanteo de las políticas públicas implementadas incluyendo siempre integralidad, pluralidad, diversidad y participación.

Por eso la apuesta es a deconstruir los mitos sociales aún vigentes sobre el esencialismo materno y las dicotomías asignadas a las "feminidades /masculinidades" como pares antagónicos y jerarquizados.

Los embarazos tempranos suelen estar determinados por los condicionamientos de género que definen a la identidad femenina en función de la maternidad y las tareas domésticas. Este estereotipo social y cultural también va a determinar el acceso –o no– a la salud sexual y reproductiva.

Si ignoramos la "naturalización" de la maternidad que ejerce el patriarcado al biologizarla como "instinto materno" (lo cual es absolutamente falso) no podremos discernir los condicionamientos culturales de género que contribuyen a "construir" el deseo de embarazo entre l@s jóvenes.

Los embarazos tempranos suelen tener relación con el inicio temprano de la sexualidad, el no uso de métodos anticonceptivos y la falta de información sexual.

Si bien muchas veces se utiliza el término género para hablar de las mujeres y la reivindicación de sus derechos, es importante entender esta perspectiva como aquella que se centra en analizar las relaciones entre los sujetos, relaciones que van armando modos de ser varón y de ser mujer a partir de patrones culturales.

Estas asignaciones a mujeres y varones han sido sostenidas a lo largo de la historia y son cuestionadas por los estudios de género debido a las desigualdades sociales que implican.

Desde niñ@s las personas aprenden qué deben hacer como mujeres o varones y estos "moldes" limitan, cercan y definen lo que se puede o no hacer, sentir y pensar.

La construcción de la feminidad y la masculinidad implica un entrecruzamiento de aspectos socioculturales, históricos, políticos, económicos, familiares. Y también subjetivos, singulares de cada sujeto.

La aparición del concepto de "nuevas masculinidades", relativamente nuevo en los campos académicos y/o comunicacionales, nos enfrenta a algunos interrogantes: ¿a qué nos referimos con esta expresión?, ¿este concepto de nuevas masculinidades está empleado para distinguir una "nueva" de otra "vieja?; entonces, ¿cuál es esta forma "vieja" de ser varón? Claramente, refiere a la "masculinidad hegemónica" que, en sociedades patriarcales como la nuestra, habilita un solo tipo de masculinidad: para que el varón sea considerado como tal, debe ser activo, fuerte, inexpresivo de sus emociones (excepto la ira), no demostrar miedo, ser jefe de hogar y proveedor, independiente, racional, conquistador y fundamentalmente heterosexual. Aquellos que no se ajustan a esta prescripción se exponen a estigmatizaciones, burlas y discriminación.

Es durante la juventud –etapa en la que ellas y ellos se aferran con más fuerza a sus construcciones identitarias– que esta masculinidad hegemónica adquiere mayor peso. Por esto mismo, es en la juventud cuando suelen aparecer actitudes sexistas, demostraciones de violencia u homofobia entre los varones.

En definitiva, son las imposiciones de género las que allanan el camino hacia la construcción de vínculos de carácter violento.

Sin embargo, las experiencias desarrolladas en los talleres con jóvenes de distintas escuelas de Nivel Medio de Rosario, posibilitaron el registro de voces de varones en las que pueden reconocerse matices. Si bien no hay catálogo de aptitudes y actitudes que definan a los "nuevos varones" ya que se trata de un proceso de cambio en marcha, resulta útil la caracterización del economista especializado en temas demográficos y de familia, Pablo Perelman, quien expresa:

> "Los muchachos feministas sabemos que tenemos que compartir las tareas domésticas con nuestras mujeres que también trabajan, y que no es suficiente con que simplemente las "ayudemos" o "colaboremos".
>
> Los muchachos feministas pensamos que las mujeres tienen derecho a decidir sobre su salud sexual y reproductiva, y que el Estado y las leyes deben adecuarse para respetar sus puntos de vista individuales.
>
> Los muchachos feministas no toleramos que, bajo el argumento de los celos o de una supuesta moral victoriana, haya varones que ejerzan de manera cotidiana una tortura psicológica sistemática sobre las mujeres, coartando su libertad para maquillarse, vestirse o arreglarse como les plazca. Por lo tanto no aceptamos argumentos tales como 'esa pollera es demasiado corta', 'ese escote es demasiado pronunciado', o 'ese maquillaje es muy provocativo'.
>
> Los muchachos feministas desconfiamos de los hombres que, porque dicen 'amar demasiado a sus mujeres', las someten permanentemente a escenas de celos violentas, las acusan de cometer infidelidades que solo están en su fantasía, y las persiguen sin pausa con el fin de comprobar el producto de su afiebrada imaginación.
>
> Los muchachos feministas no creemos en las disculpas recurrentes de los violentos, que para dejar atrás una golpiza o una sarta de insultos llegan a casa con un ramo de flores, renovadas declaraciones de amor infinito y eterno, y la enésima promesa de un cambio de actitud definitivo" (Perelman, 2015).

Es así que cobra significado la incorporación del enfoque de género en los ámbitos educativos, permitiendo "asegurar las condiciones de igualdad respetando las diferencias entre las personas sin admitir la discriminación de género ni de ningún tipo" y resulta esencial transmitir herramientas a l@s jóvenes para que vivan su sexualidad teniendo en cuenta el cuidado de sí mismos y el de los demás, el respeto y la aceptación mutua para sean capaces de construir vínculos saludables. De este modo, bien puede afirmarse que así, tanto la masculinidad como la femenidad, son pensadas, ya no desde un paradigma que sostiene formas únicas de ser varones o mujeres, sino que hablamos de jóvenes diversos, con múltiples modos de ser varones y de ser mujeres.

II. Desde los derechos sexuales al cuestionamiento de las asimetrías de poder

El concepto de androcentrismo remite a aquella visión del mundo que sitúa al hombre como centro de todas las cosas, una concepción de la realidad que parte de la idea de que la mirada masculina es la única posible y universal, por lo que se generaliza para toda la humanidad, sean hombres o mujeres. El androcentrismo conlleva la invisibilidad de las mujeres y de su mundo, la negación de una mirada femenina y la ocultación de las aportaciones realizadas por las mujeres. Esta idea está relacionada con el término patriarcado, el que históricamente ha sido utilizado para designar un tipo de organización social en el que la autoridad la ejerce el varón jefe de familia, dueño del patrimonio, del que formaban parte los hijos, la esposa, los esclavos y los bienes.

El término patriarcado alude a un sistema político-histórico-social basado en la construcción de desigualdades, que impone la interpretación de las diferencias anatómicas entre hombres y mujeres, construyendo jerarquías: la superioridad queda a cargo del género masculino y la inferioridad, asociada al género femenino. Los sistemas patriarcales introducen el dominio sobre las mujeres y los niños y niñas, conducen a que estos no solamente acaten, sino que finalmente consientan en defenderlo o en formar parte de él como algo inevitable y natural.

Este modelo ha sido reproductor de patrones de conductas acerca de cómo deben ser las mujeres y cómo deben ser los varones, no solamente generando desigualdades sino también creando mitos en cuanto a las relaciones de pareja, en las cuales muchas veces se generan relaciones de poder dentro de las mismas, preparando de esta manera el terreno para que emerja la violencia de género.

El cuestionamiento de las asimetrías de poder desde la perspectiva de los derechos sexuales permite visibilizar los alcances del androcentrismo y del patriarcado como poderes no estáticos, que se reproducen y se manifiestan en las desigualdades y violencias que perviven en las sociedades, traducidos en la escritura, la palabra, la imagen, los símbolos y los imaginarios en torno a las feminidades y las masculinidades.

Distintas manifestaciones de la asimetría
que conllevan violencia

Para S. Franco (1999) la violencia es una manera de actuar, una conducta aprendida y ejercida en las relaciones entre las personas, es decir que es una forma de relacionarse que se aprende.

De acuerdo a este postulado, la violencia se presenta como una actividad racional e inteligente, como una conducta aprendida que se trasmite de generación en generación, a través de la familia, las instituciones educativas, etc., rechazando la posibilidad de una predisposición genética hacia la misma.

En su desarrollo, en el marco de la familia, l@s niñ@s pueden aprender que la violencia es una forma de relacionarse, de resolver conflictos. Así, para quienes la han padecido dentro del hogar –sea como víctimas o como testigos– la violencia se transforma lentamente en un modo habitual de expresar distintos estados emocionales como el enojo, la frustración o el miedo.

Las diferentes formas e intensidades de su manifestación están en directa relación con su carácter de aprendida y social; así, cada región, territorio o país, diferentes grupos sociales, distintos momentos históricos, aun en el marco de un mismo colectivo, desarrollan modalidades y grados disímiles de violencia.

El fenómeno de la violencia afecta a todas las clases sociales y a todos los niveles socioculturales.

Las relaciones violentas presentan tres características básicas:

- tiene direccionalidad ya que el/la destinatario/a es elegido/a como víctima.
- es desigual ya que se ejerce desde una posición de mayor fuerza hacia otra que tiene menor fuerza (por ese motivo la violencia se considera como una relación asimétrica)
- requiere contextos de desequilibrio de poder, momentáneo o permanente, en los que se utilice la fuerza para la resolución de conflictos interpersonales.

Abuso sexual

En torno a los alcances de la conceptualización de educación sexual resulta no sólo de interés sino de gran importancia ahondar en el concepto de sexualidad que establece la Ley de Educación Sexual Integral para poder finalmente ahondar en los lineamientos referentes a la transmisión. ¿Por qué la llamamos "integral"? ¿Qué dimensiones comprende? Según dicha ley, la sexualidad "abarca al sexo, las identidades y los papeles de género, la orientación sexual, el erotismo, el placer, la intimidad y la reproducción. La sexualidad se vivencia y se expresa a través de pensamientos, fantasías, deseos, creencias, actitudes, valores, conductas, prácticas, papeles y relaciones interpersonales".

La sexualidad en definitiva es un "aspecto central del ser humano presente a lo largo de su vida y está influida por la interacción de factores biológicos, psicológicos, sociales, económicos, políticos, culturales, éticos, legales, históricos, religiosos y espirituales".

Podemos decir entonces que básicamente la sexualidad es un proceso que se construye, mejor dicho, que construye cada ser humano en interacción con otros, a través de vivencias personales, en un contexto cultural que, por supuesto lo precede y lo conforma significativamente. L@s jóvenes vivencian su sexualidad a partir del respeto hacia otr@s, y la tarea de l@s educadores es tratar de brindar herramientas de cuidado tanto para sí mism@s como para l@s demás en el ejercicio pleno de los derechos humanos y en particular de los sexuales y reproductivos. De esta manera, posibilita elegir libre y responsablemente el momento de inicio de las relaciones sexuales, así como el disfrute de las mismas, que sean mutuamente satisfactorias y se den en condiciones seguras en cuanto a la prevención de enfermedades o infecciones de transmisión sexual y embarazos no planificados.

La salud sexual y reproductiva supone también el ejercicio de una sexualidad libre de abuso, coerción o acoso sexual, en definitiva, libre de violencias. En el abuso sexual ocurre todo lo contrario al desarrollo de una sexualidad plena.

Resulta complejo pensar un abordaje de este tema tan personal, íntimo, dentro de los lineamientos de un ámbito educativo, pero la escuela o los diversos espacios de formación tienen el compromiso de propiciar un ámbito de escucha de estas situaciones difíciles y, en caso de detectar situaciones de abuso sexual o maltrato, la escuela debe realizar la oportuna denuncia, derivación y articulación con el equipo socio-educativo que territorialmente corresponde.

El abuso sexual infantil[3] es una de las formas más graves de violencia contra l@s niñ@s. En ocasiones las situaciones de abuso sexual se prolongan durante varios años, y es en la juventud cuando el/la joven decide contar lo sucedido, ya sea por su mayor autonomía o por la aparición de embarazos no deseados y no planificados.

La degradación a la categoría de "objeto", la situación de desvalimiento y desamparo, la imposibilidad de elegir por parte de la víctima, el engaño y las amenazas a las que es sometid@ configuran la situación traumática que es vivida muchas veces en una inmensa soledad. Nadie, ninguna persona elige ser víctima ni provoca esas situaciones ni ofrece el contexto para ello, pese a lo cual muchas veces se escucha: "con esa pollera lo provocaste", "bancátela, con esa ropa a las tres de la mañana te la buscaste", "algo habrás hecho para que eso te pase". Estas no son más que revictimizaciones que sufren mujeres, niños y niñas.

Como en toda situación de abuso, el elemento fundamental es la asimetría de poder entre ambos actores, donde el/la menor se encuentra en desventaja con respecto al otro.

Brindar herramientas de prevención en violencia desde las edades más tempranas resulta indispensable para que, posteriormente, puedan vivir y disfrutar saludablemente del ejercicio de su sexualidad y optar por una procreación responsable y sin riesgos, en el momento en que lo decidan.

---

3. El abuso sexual infantil está tipificado entre los "Delitos contras la integridad Sexual" (Art. 119, Ley N°24.453. Boletín Oficial 7/3/1995): "Será reprimido con reclusión o prisión de seis meses a cuatro años el que abusare sexualmente de persona de uno u otro sexo cuando ésta fuera menor de trece años o cuando mediare violencia, amenaza, abuso coactivo o intimidatorio de una relación de dependencia, de autoridad, o de poder, o aprovechándose de que la víctima por cualquier causa no haya podido consentir libremente la acción. La pena será de cuatro a diez años de reclusión o prisión cuando el abuso, por su duración o circunstancias de su realización, hubiere configurado un sometimiento sexual gravemente ultrajante para la víctima. La pena será de seis a quince años de reclusión o prisión cuando mediando las circunstancias del primer párrafo hubiere acceso carnal por cualquier vía. En los supuestos de los dos párrafos anteriores, la pena será de ocho a veinte años de reclusión o prisión si: a) Resultare un grave daño en la salud física o mental de la víctima; b) El hecho fuere cometido por ascendiente, descendiente, afín en línea recta, hermano, tutor, curador, ministro de algún culto reconocido o no, encargado de la educación o de la guarda; c) El autor tuviere conocimiento de ser portador de una enfermedad de transmisión sexual grave, y hubiere existido peligro de contagio; d) El hecho fuere cometido por dos o más personas, o con armas; e) El hecho fuere cometido por personal perteneciente a las fuerzas policiales o de seguridad, en ocasión de sus funciones; f) El hecho fuere cometido contra un menor de dieciocho años, aprovechando la situación de convivencia preexistente con el mismo. Art. 120, Ley N°24.453: Boletín Oficial 7/3/1995: "Será reprimido con prisión o reclusión de tres a seis años el que realizare algunas de las acciones previstas en el segundo o en el tercer párrafo del artículo 119 con una persona menor de dieciséis años, aprovechándose de su inmadurez sexual, en razón de la mayoría de edad del autor, su relación de preeminencia respecto de la víctima, u otra circunstancia equivalente, siempre que no resultare un delito más severamente penado".

La escuela tiene la oportunidad y el deber de generar estrategias y fortalecer espacios de confianza que promuevan el autocuidado de los y las adolescentes, trabajando con ellos y ellas en el reconocimiento y ejercicio de prácticas preventivas de situaciones de abuso y maltrato en general.

Hacia relaciones de pareja saludables en l@s jóvenes

Es a partir de la sanción de la Ley 26150 que a las instituciones educativas se las convoca al trabajo directo acerca de los vínculos de pareja de l@s jóvenes previniendo las relaciones violentas y promoviendo las saludables.

La violencia en el noviazgo se plantea como una relación de subordinación con una presencia que no es siempre visible y que suele justificarse muchas veces desde el mito del "amor romántico".

Las ideas acerca del amor romántico (Ferreira, 1992: 179-81) que imperan aún en estos tiempos se caracterizan por inducir a los amantes a ciertas creencias e ideas falsas, tales como:

- La entrega debe ser total.
- Hacer del otr@ lo único y fundamental de la existencia.
- Vivir experiencias muy intensas de felicidad o de sufrimiento.
- Depender del otr@ y adaptarse a el/ella, postergando lo propio.
- Perdonar y justificar todo en nombre del amor.
- Consagrarse al bienestar del otr@.
- Estar todo el tiempo con él/ella.
- Pensar que es imposible volver a amar con esa intensidad.
- Desesperar ante la sola idea de que el/la amante se vaya.
- Sentir que nada vale tanto como esa relación.
- Pensar todo el tiempo en el/la otr@, hasta el punto de no poder trabajar, estudiar, comer, dormir o prestar atención a otras personas "no tan importantes".
- Vivir solo para el momento del encuentro.
- Prestar atención y vigilar cualquier señal o signo de altibajos en el amor o el interés del otr@.
- Idealizar a la otra persona, no aceptando la existencia de ningún defecto.
- Sentir que cualquier sacrificio es poco si se hace por amor al otro.
- Tener anhelos de ayudar y apoyar al otr@ sin esperar reciprocidad ni gratitud.

- Obtener la más completa comunicación.
- Lograr la unión más íntima y definitiva.
- Hacer todo junt@s, pensar y gustar de las mismas cosas, compartir todo.

Es decir, se trata de un tipo de afecto que ha de ser para toda la vida ("te amaré siempre"), exclusivo ("no podré amar a nadie más que a ti"), incondicional ("te amaré en todo momento, pase lo que pase") y que implica un elevado grado de renuncia ("te amo más que a mi vida, más que al aire que respiro").

Los vínculos violentos en la juventud suelen ser sutiles, casi invisibles, pero van dejando huellas de autocensura, aislamiento y miedo encubierto. Las conductas violentas en las relaciones de pareja no formales no son percibidas como tales, ni por las victimas ni por los agresores, pues generalmente se confunden maltratos y ofensas con amor, interés y protección por parte de la pareja. Esta "naturalización" de la violencia en los patrones de convivencia es el origen del maltrato.

En los vínculos violentos de parejas jóvenes se evidencia –en la mayoría de los casos– primero el tipo de violencia psicológica, la cual es definida por la Ley 26485 en su artículo 5° como: "La que causa daño emocional y disminución de la autoestima o perjudica y perturba el pleno desarrollo personal o que busca degradar o controlar sus acciones, comportamientos, creencias y decisiones, mediante amenaza, acoso, hostigamiento, restricción, humillación, deshonra, descrédito, manipulación o aislamiento. Incluye también la culpabilización, vigilancia constante, exigencia de obediencia o sumisión, coerción verbal, persecución, insulto, indiferencia, abandono, celos excesivos, chantaje, ridiculización, explotación y limitación del derecho de circulación o cualquier otro medio que cause perjuicio a su salud psicológica y a la autodeterminación".

A esta se le puede sumar o no la física, que según el mismo artículo es: "La que se emplea contra el cuerpo de la mujer produciendo dolor, daño o riesgo de producirlo y cualquier otra forma de maltrato o agresión que afecte su integridad física".

En las relaciones de pareja no todo es amor, también se generan conflictos. Si la resolución de los mismos es a través de la conciliación, el diálogo y la negociación, pueden ser considerados como benéficos e incluso de crecimiento, porque su resolución conlleva a un equilibrio entre las parejas: permite que se conozcan, que lleguen a acuerdos, que establezcan distancias, límites y fomenten el mutuo respeto.

Es importante poder deshacer el entramado de supuestos que constituyen el amor romántico y construir espacios para l@s jóvenes donde se propicie la reflexión y se puedan intercambiar experiencias entre pares, tendiendo así al pleno ejercicio de sus derechos.

Estos ámbitos de sensibilización y reflexión para l@s jóvenes deben propiciarse para la promoción de un cambio de actitud, un giro hacia las relaciones de noviazgos equitativas, tolerantes y de respeto, mostrando que existen otras formas no violentas de relacionarse, haciendo hincapié en la importancia del amor, el respeto mutuo basado en la igualdad y la construcción de la intimidad.

A su vez, estos espacios reflexivos, al desarrollar determinados aspectos informativos en torno al pleno desarrollo de los derechos humanos, bien pueden actuar como una herramienta preventiva, fundamentalmente en aquellas situaciones en las que hay delito.

Trata de personas con fines de explotación sexual

La trata de personas con fines de explotación sexual es una de las mayores violaciones a los derechos humanos, una forma de esclavitud moderna y una de las caras más duras de la violencia de género.

Este delito abarca la captación de niñas, niños y jóvenes privándolos de todos sus derechos, tratándolos como objetos sexuales al servicio de otros. Pone de manifiesto una forma de violencia sexual que expresa relaciones de poder y jerarquía entre sexos. Cuando las víctimas son menores constituyen también una forma de abuso infantil (art. 131 del Código Penal Argentino).

Cualquier persona que atraviese situaciones de vulnerabilidad puede verse afectada; también cabe destacar como factor determinante para la captación en la trata de personas el engaño, que se monta a partir de recursos cada vez más sofisticados.

Los modos utilizados para incitar al engaño suelen ser muy atrayentes, apelando a revertir situaciones de falta afectivas y/o económicas de l@s jóvenes.

Es importante, antes de definir el rol de las instituciones educativas ante esta problemática, conocer el marco normativo que la engloba. En Argentina se ha incorporado a la Constitución Nacional la Convención de los Derechos del Niño, que busca garantizar la protección de los derechos de todas las personas hasta los 18 años, y se ratifica también en el Protocolo de Palermo.

En el año 2008 se sanciona en Argentina la Ley 26364, cuyo objetivo es la prevención y sanción de la trata de personas y la asistencia a sus víctimas. En el año 2012 dicha norma recibe una serie de modificaciones a través de la Ley 26842. Las más importantes son:

- la explotación sexual a menores es considerada trata
- el estado garantizará a la victima de los delitos de trata o explotación de derechos recibir información, recibir asistencia médica y psicológica, recibir alojamiento, protección de identidad e intimidad, y en caso de tratarse de un menor de edad, además de lo anterior, garantizará que los procedimientos reconozcan sus necesidades especiales que implican su condición de sujeto en desarrollo de su personalidad. Se procurará la reincorporación a su núcleo familiar, o al lugar más propicio para su protección y desarrollo.
- no se aceptará el consentimiento de parte de la víctima mayor de 18 años en cuanto a exculpar a quien recluta o explota; propicia en todos los casos que las penas sean de cumplimiento efectivo"
- incluye entre los delitos la promoción de la pornografía infantil y contempla avances en la protección y garantía de los derechos de las víctimas
- los autores, partícipes, cooperadores o instigadores del delito no son eximidos de su responsabilidad penal, civil o administrativa

A este marco normativo se le suman otras leyes específicas de la infancia que cooperan con el marco protector de derecho, tales como:

- Ley Nacional N° 26061: habilita a todo ciudadano a interponer las acciones necesarias ante la violación y vulneración de los derechos de niños, niñas y adolescentes.
- Ley de Educación Nacional N° 26206: expresa que las autoridades educativas competentes participarán en el desarrollo de sistemas locales de protección integral de derechos (establecidos en la Ley 26061) y obliga a l@s docentes a proteger y garantizar estos derechos.
- Ley 26150 de Educación Sexual Integral: además de implicar la inclusión obligatoria de la Educación Sexual Integral a lo largo de todo el proceso de escolarización, propicia aprendizajes relacionados con las diversas formas de vulneración de derechos y su prevención.

En el marco de la Educación Sexual Integral (ESI), las instituciones educativas deben propiciar el abordaje de esta problemática que afecta a mujeres, niñas, niños y adolescentes generando espacios de discusión sobre las diversas modalidades de trata y explotación sexual, y de reflexión sobre el lugar de mujeres y varones en las relaciones de poder en nuestra sociedad.

Es inherente a las instituciones educativas, al detectar alguna situación puntual y al tratarse de un delito complejo, propiciar la articulación y derivación para que rápidamente actúen las áreas específicas de intervención. Así, uno de los aspectos a cumplir por parte de las escuelas es el de brindar información confiable, hacer conocer y replicar las campañas vigentes y acercar datos sobre espacios de ayuda específica, fomentando en el proceso el autocuidado en l@s jóvenes, generando un ambiente de búsqueda y construcción de saberes para la protección integral y la defensa de sus derechos.

Es importante poder reflexionar sobre los espacios y situaciones de riesgo con los cuales se puedan encontrar tanto ell@s, como amig@s o personas conocidas y brindarles herramientas para poder estar alertas ante contextos de "engaño", que pueden aparecer en situaciones cotidianas, pero sobre todo poder escucharl@s y no censurarl@s, generando así un ambiente de confianza y respeto. Este escenario de intercambio y dialogo promueve instancias de participación activa con l@s estudiantes, en donde la escucha de sus puntos de vista e intereses fomenta el valor de los saberes de tod@s.

El horizonte al cual debemos mirar es hacia una democratización de la educación, basada en el respeto hacia el/la otr@, aceptando su punto de vista, sus principios, sus costumbres, su lengua, su ideología. La convivencia democrática se construye entre tod@s, aceptando las diversidades subjetivas, sociales y culturales que nos relacionan y enriquecen. Convivir no es tolerar la diferencia, es aceptar al otro.

El trabajo de prevención realizado con jóvenes sobre las violencias en general ha permitido al Instituto Municipal de la Mujer llegar a dieciséis mil jóvenes con propuestas de trabajo reflexivo en taller, dentro de la institución escolar, acerca de lo que supone convivir en entornos institucionales plurales, con espacios de escucha y aceptación de todas las diversidades, no sólo las sexuales sino también las étnicas, las religiosas, etc.

Si bien aún puede percibirse en la mirada de adult@s la impronta de que existe una forma universal de "ser joven", más que nunca es necesario reconocer la diversidad de experiencias y trayectorias de vida, que en algunos casos implica migraciones, grupos familiares en los que menores están a cargo de otr@s menores, maternidades y paternidades tempranas, etc.

Incluir el abordaje de estas situaciones en el ámbito escolar posibilita no solo su visibilización sino además reflexionar sobre los modos de intervención, ya que, al ser problemáticas relativamente nuevas, aún es escasa la bibliografía circulante al respecto.

Bullying, ciberbullying y grooming

El ciberacoso o ciberbullying –entendido como el acoso de una persona a otra por medio de tecnologías interactivas– es un fenómeno que preocupa por la relativa novedad que supone en la conducta de l@s jóvenes, así como por las dudas y dificultades que presenta su reconocimiento y abordaje por parte de l@s adult@s en general y las instituciones educativas en particular.

El bullying es una conducta de hostigamiento o acoso sostenida en el tiempo que ejerce un alumn@ o un grupo de ell@s con el objetivo de provocar un daño (ya sea físico o emocional) a otr@ alumn@.

El grooming es una acción deliberada por parte de un adulto que busca la confianza y amistad de niñ@s y jóvenes por medio de la web para obtener satisfacción sexual a través de imágenes o de la promoción de un encuentro presencial, es decir que si bien este tipo de conducta comienza en la red, con frecuencia suele trascender en el mundo físico, con encuentros concretos entre el adulto y la víctima.

Mensajes de teléfonos móviles, chats, correo electrónico y redes sociales constituyen nuevos escenarios para los insultos, las burlas, las amenazas, las exclusiones, las humillaciones ante otros en la red y demás prácticas discriminatorias.

En toda situación de bullying fácilmente pueden reconocerse violencias que resultan "familiares", como la violencia de género, los noviazgos violentos y la discriminación por orientación sexual, por nombrar algunas. ¿Cuál es el elemento que se repite en todas estas formas de violencia? ¿Qué es lo nuevo en estas problemáticas que se desarrollan en el ámbito escolar, como el bullying, el ciberbullying y el grooming?

Como una primera aproximación a estos interrogantes, se debe considerar fundamentalmente aquellos aspectos que conciernen a la asimetría de poder manifestada en estas situaciones. En concreto, cuáles son "lugares" que ocupan un@s y otr@s (víctimas y víctimarios).

En segunda instancia, bullying y grooming, más allá de lo novedoso de las palabras que los designan, no son fenómenos nuevos sino nuevas modalidades de viejas violencias, facilitadas en la actualidad por la virtualidad que permiten las redes sociales y que en edades tempranas se apoyan en las tradicionales formas de discriminar y estereotipar para excluir, estigmatizar. En definitiva, no aceptar al otro.

El impacto de las redes sociales ha incidido e incide en la definición de qué es lo privado y qué es lo público, colocando a su vez sobre el tapete la pregunta acerca de qué es lo íntimo.

En las escuelas se reciben todo tipo de relatos acerca de la circulación de fotos o mensajes que deberían ser consideradas propios de la intimidad.

Sin las posibilidades que da la web, no habrían obtenido tal alcance de circulación e incluso, a veces, de masividad.

Estas imágenes y/o palabras suelen abonar la construcción de las "identidades sociales o públicas" (construcciones identitarias) que l@s jóvenes comienzan a ensayar de sí mism@s.

Una decisión equivocada –que puede ir desde mandarle una foto comprometedora a un novio que rápidamente se transforma en ex novi@, o a un amig@ que la "comparte"– puede disparar situaciones de discriminación, humillación, acoso y demás.

Seguramente, quienes más vulnerables se encuentren resultarán más expuestos. Es por esto que adult@s e instituciones tenemos una tarea: dotar de fortalezas a niñas, niños y jóvenes para que la aceptación comience en sí mismos, sin estereotipos tiranos.

Bullying y grooming son dos tipos de acoso con rasgos propios que los definen –uso de las redes, la sobreexposición, la ruptura de límites que propicia el anonimato, etc.– y también nos enfrentan con una especie de redefinición de otras modalidades de violencia, tal como el acoso callejero o mal llamado piropo, la violencia simbólica hacia las mujeres, la discriminación por orientación sexual, la negación de derechos a jóvenes y adolescentes, la consagración de estereotipos que desconocen toda pluralidad, el sexismo, etc.

De algún modo puede decirse que nos encontramos frente a violencias reconocidas e identificadas como tales, a las que se le suman otras formas y modalidades, lo cual supone la necesidad de elaborar estrategias de intervención que promuevan espacios de reflexión, diálogo y concientización continuos.

Es decir desarrollar un enfoque que cuestione y fundamentalmente invite a replantear el papel de la escuela como espacio de socialización, ya que el propio conflicto bien puede ser un elemento dinamizador del proceso pedagógico. Invisibilizarlo, ocultarlo, en definitiva tratarlo como una falta, un déficit, implica negar una heterogeneidad que la escuela debe optimizar.

> "trabajar para la aceptación de l@s otr@s no significa borrar las diferencias y homogeneizar, no significa generar acciones para que todos los alumnos aprendan lo mismo o tengan los mismos principios, las mismas creencias, etc. Trabajar para la aceptación de la diversidad supone evaluar las diferencias desde la positividad. Las diferencias existen pero son siempre relativas y no tienen que ser marcadas con el estigma negativo del "déficit". La positividad de las diferencias que se

presentan en la escuela, según la heterogeneidad de los sujetos y de los contextos, tiene que ser recuperada por la propia
escuela, si pretende ser una escuela democrática".[4]

A través de este trabajo continuado en las escuelas secundarias de
nuestra ciudad y en distintas instituciones, tratamos siempre de acompañar el acontecer de los aprendizajes, eliminando los estereotipos por razones de sexo, suprimiendo situaciones de desigualdad y jerarquías culturales sexistas: "educar desde la igualdad de valores de las personas: desde
las potencias, no desde los estereotipos, desde los atributos, no desde las
faltas, desde los buenos tratos no desde las violencias".[5]

4. Boggino Norberto: "Diversidad y convivencia escolar. Aportes para trabajar en el aula", en
REXE: Revista de Estudios y Experiencias en Educación. UCSC. N° 14.
5. Travaini, Andrea (comp.) Instituto Municipal de la Mujer. *La Educación Sexual Integral va a
la escuela*. Rosario. Homo Sapiens, 2013.

Tercera parte

Recursero.
Actividades y herramientas para poner en práctica con l@s jóvenes

Como resultado del accionar desarrollado por el Municipio de Rosario, se han diseñado y llevado adelante políticas públicas con el objetivo de prevenir la violencia de género y promover los derechos de las mujeres. Las acciones desarrolladas son el resultado de la implementación de una metodología en la cual el taller cumple un papel fundamental, en particular en aquellas actividades dirigidas a diferentes grupos de jóvenes de la ciudad.

La modalidad de taller tiene como objetivo principal que l@s jóvenes sean quienes generen sus propios conocimientos a través de una puesta en común con sus pares y con el apoyo de un/a tallerista[6] que guía de dicho proceso. El rol del/a tallerista al plantear interrogantes, escuchar y generar diálogo, debate y controversias entre ellos, acompaña las distintas reflexiones de l@s alumn@s y propicia que el/la participante ponga a prueba diferentes modos de resolución a la tarea o conflictos y que construya fundamentalmente su propio conocimiento. En definitiva, el fin último del taller siempre es aprender. L@s alumn@s en tanto sujetos de derecho, ciudadanos y ciudadanas, inmers@s en una cultura siempre cambiante y heterogénea, disfrutan y construyen sus experiencias, resignificándolas a través del respeto mutuo, la visibilización y aceptación de las diferencias, la cooperación, la libertad y el pleno ejercicio de sus derechos.

El uso de la modalidad de taller facilita la puesta en acto de un proceso de deconstrucción que desnaturalice las relaciones desiguales y violentas, habilitando simultáneamente la reflexión en torno al desarrollo de estrategias a fin de abordar distintas situaciones de violencia de género.

---

6. Tallerista es el término adoptado por la Municipalidad de Rosario para denominar a l@s profesionales de diversas disciplinas —psicólog@s, profesor@s de educación física, abogad@s, actores/actrices, etc.— que actúan como facilitador/a, coordinador/a de dichas actividades.

Ahora bien, el taller, más allá de ser la puesta en práctica de la idea de construcción, implica una retroalimentación de la relación entre docente y alumn@, sin menoscabar el rol desempeñado por aquel/la, ya que el grado de importancia que adquiere su desempeño está en directa relación con la promoción de comportamientos y actitudes saludables, posibilitando que el taller se convierta en un complemento de la formación recibida en el aula.

Noviazgos violentos

ACTIVIDAD:
Desnaturalizando mitos: ¿amor romántico o real?

EJES TEMÁTICOS:
• Amor romántico.
• Construcción de vínculos saludables.
• Resolución de conflictos.

PRESENTACIÓN:
La siguiente actividad tiene como objetivo la prevención de la violencia hacia las mujeres y la promoción de vínculos saludables, a través de la deconstrucción de aquellas creencias culturalmente naturalizadas que giran en torno al amor y a los vínculos de pareja, creencias que propician vínculos no saludables, basados en el sometimiento del/a otr@ y en el ejercicio de la violencia.

CONSIGNAS:
Paso I: Se solicita a l@s jóvenes que se reúnan en grupos de hasta cinco integrantes y se le entrega a cada grupo tarjetas con frases y/o refranes que expresen distintas creencias e ideas con respecto al noviazgo.

Frases sugeridas:
1. "Los que se pelean se aman"
2. "Porque te quiero te aporreo"
3. "Si te cela te ama"
4. "Una relación se basa en la confianza y respeto mutuo"
5. "La amistad entre el hombre y la mujer no existe"
6. "Si hay violencia no hay amor"
7. "Respetar la intimidad del otro"
8. "No te pongas esa ropa"
9. "El amor es libertad"
10. "Sos mí@ o de nadie"
11. "No trabajes ni estudies, yo te mantengo"
12. "Quien bien quiere, bien obedece"

13. "Si te controla, te cuida"
14. "Por amor se sufre"
15. "Revisar el celular o las redes sociales de la pareja"
16. "No salgas con tus amig@s, te llevan por mal camino"
17. "Si me amás, dame una prueba de amor"
18. "Apoyar y acompañar al otro en sus proyectos personales"
19. "El hombre es el que paga"
20. "Si me amás respetá mis tiempos"
21. "El amor no es cambiar al otro"
22. "Nacimos para estar juntos"
23. "Quien bien te quiere te hará llorar"
24. "Sos mi media naranja"
25. "Construyo una relación"
26. "Apuesto siempre al amor"
27. "Soy tuy@"
28. "Sin vos me muero"
29. "El amor todo lo cura"

Paso II: Se invita a cada grupo a reflexionar sobre las frases y a adjudicarle luego a cada una un color según la clasificación que sigue:
- "rojo", para lo que se entiende como una forma clara de violencia
- "amarillo", para las situaciones o actitudes que, sin llegar a ser fácilmente visibles, les permitan observar síntomas de violencia (alerta, precaución)
- "verde", para las frases que se consideran indicadores de relaciones de respeto y buen trato

A continuación, sobre tres afiches de color rojo, amarillo y verde, l@s coordinador@s irán colocando las frases previamente coloreadas por cada grupo.

Paso III: Finalmente, y a través de una reflexión colectiva, se procede a profundizar el debate acerca de cómo se construye la idea de un noviazgo libre de violencia.

Preguntas guía:
- ¿Qué significa ser pareja? Parejos... ¿por qué?
- ¿Existen parejas que nunca pelean?
- ¿Existen parejas que nunca discuten?
- ¿Cómo resolverían un conflicto con su pareja?
- ¿Se apuesta a una relación o se construye en el día a día?
- ¿Es suficiente tener confianza para que todo funcione?

Diversidades sexuales [7]

Actividad:
¿No lloran los hombres?

Ejes temáticos:
• Amor romántico.
• Construcción de vínculos saludables.
• Resolución de conflictos.

Presentación:
Se proyectará la película *Boys don´t cry*[8] o fragmentos de la misma[9] (película estadounidense de 1999, dirigida por Kimberly Peirce y protagonizada por Hilary Swank y Chloë Sevigny).[10]

Es una producción de cine independiente, basada en la historia real de Brandon Teena, un joven que fue violado y asesinado el 31 de diciembre de 1993 por sus amigos varones cuando descubrieron que tenía genitales femeninos. El film recrea entonces la historia de Teena Brandon[11], una persona del sexo femenino que se sentía varón y lo demostraba vistiéndose y comportándose como una persona del género masculino.

Hemos seleccionado esta película por los interrogantes que sugiere pensar la temática de la diversidad, la discriminación y la inclusión. En la misma se puede observar el modo en que el protagonista vivencia su sexualidad, como también el sentimiento de aislamiento ante la discriminación ejercida por parte de su comunidad, los múltiples sacrificios y vejaciones a los que es sometido por sentirse diferente y su necesidad de pertenecer a un grupo de amigos y amigas de un pequeño pueblo de Nebraska.

---

7. La idea original de este taller fue desarrollado conjuntamente con la psicóloga Sandra Carbajal.

8. El título en español, *Los muchachos no lloran*, hace referencia a un estereotipo de género en relación a la masculinidad hegemónica, expresada en el mandato social relacionado con la inhibición de las emociones a la que deben "ajustarse" los varones.

9. Más adelante se especifican cuáles.

10. Se sugiere este film para cursos con alumnado de 15/16 años. Para alumnos de menor edad se sugiere la película Billy Elliot (2000), en la que se pueden trabajar estos mismos ejes.

11. Teena en EEUU es nombre de mujer y Brandon, de varón.

Considerando que la película se puede fragmentar, a continuación presentamos preguntas disparadoras del debate, como así también los segmentos directamente relacionados con las temáticas a trabajar.

Consigna:

Luego de mirar la película, l@s participantes se organizarán en grupos pequeños, y cada grupo trabajará sobre distintos aspectos realizando con posterioridad una puesta en común.

Estereotipos de género en relación a la masculinidad:
- ¿De qué modo se divierte este grupo de jóvenes? ¿Podés relacionar estas actividades con el "ser varón"? (desde 8.05 minutos hasta 9.55 minutos)
- Con respecto a los modos de ser varón: ¿cuáles son las características de los personajes de la película?; ¿cuál es la manera de ser varón en esa comunidad?; los modos de ser varón, ¿son iguales, diferentes o parecidos en nuestra sociedad? Trata de ejemplificar.
- ¿Qué sugiere pensar la frase: "Soy un marica comparado contigo"? ¿Por qué piensas que lo dice? (desde 45:17 minutos hasta 46:20 minutos)

Identidad de Género:
- Escena de aseo personal del protagonista: ¿Por qué creés que dice frente al espejo: "¡Qué idiota soy!"?
- A lo largo de todo el film, ¿podrías pensar cómo se siente el protagonista con respecto a su situación? ¿Cuál es la identidad de género del protagonista? ¿Cuál es el sexo del protagonista? (desde 39 hasta minutos 44 minutos)

Inclusión:
- ¿Qué piensas de su grupo de amigos? ¿De qué manera se siente incluido en ese grupo?
- ¿Qué piensa su grupo de amigos con respecto a su sexualidad?
- ¿Cuál es el sexo del protagonista?
- ¿Cuál es el objetivo del protagonista con respecto a su sexo?
- Sobre la escena de la cárcel: ¿en qué celda está el protagonista?, ¿en qué celda debería estar?, ¿cuál es la actitud de los familiares con respecto a su situación?, ¿cómo ven ellos a Brandon?
- Trata de pensar en la frase: "Yo también siento cosas extrañas".
- ¿Por qué lo mataron? ¿Se trata de un femicidio?

Trata y tráfico de personas
con fines de explotación sexual

ACTIVIDAD 1:
Indicando precauciones

EJES TEMÁTICOS:
• Modos de Reclutamiento.
• Indicadores de alerta sobre situaciones de Trata y Tráfico de personas.

CONSIGNA:
Reunidos l@s participantes en varios grupos, entregar un fragmento y avisos clasificados para analizar en dicho grupo. Pasados los veinte minutos socializar lo trabajado. Leer las preguntas disparadoras del debate

PRESENTACIÓN:
Es sabido que la Trata y Tráfico de personas siempre comienza con un engaño. Por tal motivo, el objetivo de esta actividad es sensibilizar acerca de esta temática dando a conocer los distintos modos de reclutamiento que este negocio millonario utiliza. Los primeros tres fragmentos fueron extraídos del libro *Diagnóstico del ciclo vital de las mujeres en situación de prostitución y su relación con el proxenetismo* (Caporal Pérez, Bailón Vásquez, Montiel Torres, 2013). Dicho trabajo es resultado de una investigación sobre la relación entre reclutadores mejicanos y las mujeres que reclutan, trasladan y explotan sexualmente. Esta investigación sociológica consistió en adentrarse en determinadas regiones rurales y/o pequeñas ciudades de Méjico en donde existen comunidades que durante las últimas décadas se dedican a instruir a los varones para captar mujeres en situación de vulnerabilidad. Es un diagnóstico integral sobre el modus operandi de esta red sistematizada de mejicanos que forman parte –según la descripción que se despliega en este libro– de un complejo sistema proxeneta, conformado por variados integrantes como padrotes[12], madrotas[13] e incluso policías.

---

12. Reclutadores.
13. Cómplices de los reclutadores.

Preguntas guía para todos los fragmentos:

- ¿Qué tienen en común? ¿Cuál es el elemento que aparece en todos?
- ¿Quién puede ser víctima de un caso de trata y tráfico de personas?

FRAGMENTOS:

1º

"Tenía 16 años y trabajaba en un puesto de CD y películas cerca de la terminal de autobuses. Oscar llegó a comprar un disco y me sacaba plática[14], se veía como si fuera de clase alta, guapo y me impresionó a la vista, educado. Llegó en un auto importado, tenía en su mano izquierda esclavas de oro y en su mano derecha usaba un anillo de oro muy llamativo. Compró un CD, charlamos un rato y luego se retiró. Al día siguiente volvió para preguntarme "¿adónde comes? Te invito a comer a un restaurante de los mejores para que veas que soy buena gente y después te invito un helado". Le dije que no porque tenía para comer solo media hora y me estuvo platicando cinco minutos y me preguntó dónde vivía y que si se me hacía tarde me llevaba a mi casa y se retiró. Al día siguiente regresó cuando iba a cerrar, me dijo que me llevaba a la parada donde había transporte, como se me hizo tarde por estar platicando con el ya no encontré transporte y me llevó en su coche a mi casa. Me decía siempre que estaba muy guapa, que si tenía novio, que tenía bonito cuerpo y que seguramente ganaría mucho dinero. Le pregunté en qué lugar y haciendo qué cosa y me contestó haciendo limpieza en el Distrito Federal[15]. Él podía conseguirme ese trabajo. Iba a verme al puesto de trabajo todos los días (...) me preguntaba cuánto ganaba y, al saber que era poco dinero, fue cuando me dijo que me fuera y que podía ayudar a mi familia, que iba a ganar bien y les iba a poder mandar dinero. También me ofreció trabajar en su zapatería en Guadalajara y yo me emocioné porque iba a ganar más dinero. Durante un mes venía todos los días e íbamos a comer a lo de Doña Magdalena, quien me decía que me fuera con él, que se veía buena persona y que tenía un buen trabajo. Acepté ser su novia porque él me dijo además que quería sentar cabeza y construir una familia".

2º

"Existen diferentes formas de reclutar mujeres y diversos mecanismos de poder para mantenerlas bajo el dominio del explotador. Por ejemplo, el proxeneta rural utiliza fundamentalmente el amor y la seducción. El amor es la actual tendencia de reclutamiento y control de las mujeres. (...)

---

14. Charla, conversación.
15. Capital mejicana, a cuatro horas en automóvil desde la localidad de origen de la víctima.

el sistema se ha adaptado a la modernidad, la violencia física pasó a segundo término. La violencia psicológica es el mecanismo de control que más beneficios proporciona. Más que castigos corporales a las mujeres prostituidas, el sistema proxeneta las recompensa con palabras dulces, amor paternal y protección (...) su victimario es a la vez su mayor soporte emocional, es el único ser humano que las trata como humanas"

3º
"porque tú mismo ya las distingues, las estudias bien de pies a cabeza, es lo primero que hace uno. Porque si tú la ves bien vestida digamos, y cuando le hablas se dirige bien contigo, te saca buenas palabras, pues ya vas pensando "no, esta chava[16] pues mínimo tiene secundario, ya no va a caer tan fácil, ya no tan fácil la voy a terapear –chamuyar–, ya no tan fácil la voy a engañar."

Preguntas guía:
- ¿Qué tipo de hombre aparenta ser?
- ¿Quién es Doña Magdalena? ¿Qué puedes pensar acerca de Doña Magdalena?
- ¿Cuál es el objetivo de Oscar?
- ¿Consideras que puede llegar a ser un relato sobre Trata y Tráfico de personas?
- ¿Estos relatos son extraídos de la realidad o recortados de una obra de ficción de la TV?

———

ACTIVIDAD 2:
Reclutamiento engañoso

Avisos Clasificados: búsqueda de empleo.

Provincia de Córdoba. Agosto 2014:
"Necesito chicas para whiskería para la Provincia de Santa Cruz. 0341...

Provincia de Santa Fe. Diario conocido de la ciudad. Octubre 2013:
"Se necesitan Guardavidas para temporada de verano en Mar del Plata. Sexo indistinto. Serán requisitos excluyentes experiencia mínima dos años. De 20 a 35 años. Disponibilidad horaria. Se ofrece alojamiento. Enviar CV con foto a xxxxxxxx @hotmail.com"

———

16. Mujer joven.

"Empresa líder en el mercado busca secretaria Ejecutiva Junior para desempeñar funciones de manejo de agenda gerencial y organización de eventos. Son requisitos excluyentes experiencia mínima tres años con desempeños en puestos similares. Disponibilidad para viajar. De 25 a 35 años de edad. Enviar CV con foto a Casilla de Correo Nº XX Sucursal Nº XX".

Provincia de Santa Fe. A través de Facebook. Marzo 2015:
"¿Querés ser modelo? Somos una empresa próxima a instalarse en Rosario. Si tenés entre 14 y 20 años presentate con tu DNI y varias fotos de cuerpo entero en calle……. en el horario de 12 a 18 hs. Es importante que puedas viajar y tener una amplia disponibilidad horaria".

Preguntas guía:
- ¿Cuáles son los medios de comunicación en donde aparecen estos avisos clasificados?
- ¿Cuán relevante es –con respecto a esta temática– el medio de comunicación que se utiliza para ofertar un empleo?
- ¿Quién o quiénes pueden ser víctimas de trata y tráfico de personas?
- ¿Quién puede retener tu DNI?
- ¿Qué puedes pensar en relación a los requisitos para un futuro empleo y las tareas que desempeñarías en el mismo?
- ¿Qué precauciones deberías tomar con respecto a los avisos clasificados?

Masculinidad y bullying

Actividad:
Soy macho[17]

Ejes temáticos:
• Resolución de conflictos en forma no violenta.
• Respeto por las diferencias y aceptación mutua.
• Expresión de las emociones.
• Convivencia democrática

Presentación:
En nuestra cultura, la defensa a ultranza de la honra o el honor masculino –basado en estereotipos de género como la idea de fuerza y liderazgo masculino– suele llegar, incluso, al uso de la violencia, conducta que bien puede tornarse riesgosa para las demás personas como para los mismos varones. Sostenemos que las situaciones violentas son evitables y prevenibles con actitudes pacíficas, tratando de encontrar distintas alternativas no violentas. De ahí que el propósito de esta actividad sea la promoción de una convivencia basada en el respeto por las diferencias y la aceptación mutua.

Consigna:

Paso I:
Completar las siguientes historias entre jóvenes.

Historia 1: Mario y Carlos discutieron en el recreo por un trabajo que debían realizar para la escuela. Muchos de sus compañeros escucharon la discusión, que fue subiendo de tono hasta que Mario le dijo a Carlos que lo iba a esperar afuera para que solucionaran el problema. A la salida de clases...

Historia 2: Dentro de la sala de clases un grupo de alumnos tiene la costumbre de molestar a un compañero por la forma en que se expresa. Le dicen "niñita... niñita...". De pronto el compañero no aguanta más y...

---

17. Actividad basada en el texto "Previniendo la violencia con jóvenes".

Historia 3: Un grupo de amigos salió a bailar. Mientras bailaban, uno de ellos, Francisco, vio que estaban mirando insistentemente a su novia. Francisco se acercó al joven que la miraba y...

Historia 4: Juan Pablo y su grupo de amigos se dirigen a Antonio como todos los días y le dicen que si no le entrega el dinero de su merienda le darán una paliza. Antonio, cansado de esta situación decide...

Historia 5: Jaime sufre de una discapacidad que no le permite controlar bien sus movimientos. Cuando está muy excitado, sus manos se sacuden. Cada vez que él intenta integrarse a jugar fútbol, un grupo de niños imita sus movimientos.

Paso II:

Socializar las distintas producciones de l@s jóvenes y realizar preguntas disparadoras del debate y reflexión:

- ¿Estas historias suceden así generalmente? ¿Cómo puedo yo resolver tal historia en forma pacífica?
- ¿Recuerdan alguna experiencia similar que hayan vivido? ¿Cómo se sintieron en aquella situación?
- ¿Qué riesgos se corren cuando participamos en situaciones como éstas? ¿Y cuándo no participamos y solo observamos? ¿Cuándo nos reímos?
- En la escuela, cuando nos encontramos en situaciones de bullying, ¿a quién podemos recurrir?
- ¿Qué es lo que verdaderamente se defiende en estas situaciones? ¿Está la honra masculina en juego en estas situaciones?
- ¿Qué hace que a veces reaccionemos de esta forma?
- ¿Qué nos pasa cuando nos sentimos insultados? ¿La única forma de calmar el enojo es a través de los golpes?
- ¿Cómo se le podría dar una solución pacífica y saludable a estas situaciones?
- ¿Cómo podríamos prevenir que en situaciones similares se llegue a agresiones o a violencia?

Estereotipos de género[18]

ACTIVIDAD:
Verdadero/falso

EJES TEMÁTICOS:
• Estereotipos de género
• Sexo-género
• Democratización de las relaciones familiares

PRESENTACIÓN:
Esta actividad propone la deconstrucción de distintas representaciones sociales, las que conformadas por estereotipos, creencias, valores y normas orientan nuestra conducta y/o modo de pensar sobre los roles desempeñados tanto por mujeres como por varones, por ejemplo "todas las mujeres deben ser madres", "los varones son los proveedores de la familia".

CONSIGNA:
Divididos en grupos mixtos de hasta cinco personas, a cada grupo se le entregarán tres o cuatro afirmaciones o "frases hechas" acerca de las mujeres y de los varones. El objetivo consiste en tratar de responder a la pregunta "¿qué hay de verdadero en cada afirmación?" y "¿por qué?"

1° grupo de afirmaciones:
• La mujer es débil, el hombre es fuerte.
• La mujer es más celosa que el hombre.
• La mujer llora por cualquier cosa, el hombre no.
• La mujer es demasiado afectiva.

2° grupo de afirmaciones:
• En una emergencia, sea un accidente, incendio, enfermedad u otra situación, la mujer es más atolondrada y pierde la cabeza más que el hombre.

---

18. Basado en *Formación, sensibilización y fortalecimiento de grupos de mujeres educadoras populares y multiplicadoras*, 2005.

- La mujer es más chismosa que el hombre
- La mujer no es tan hábil como el hombre para los negocios.
- Todas las mujeres se quieren casar y tener hij@s.

3° grupo de afirmaciones:
- La mujer que no se casa es una frustrada, envidiosa y resentida.
- Ser madre es lo más sagrado.
- Hay que recibir todos los hijos que Dios manda.
- La mujer está preparada para las tareas de la casa; el hombre, para trabajar.

4° grupo de afirmaciones:
- Es lógico que el hombre sea infiel, pues está en su naturaleza.
- La mujer que se viste con pollera corta y/o un gran escote es porque quiere provocar a los hombres.
- Lo más importante para una mujer joven es agradar a los hombres y llegar a casarse.

Ciberbullying

ACTIVIDAD:
TICs

EJES TEMÁTICOS:
• Ciberbullying, privacidad, grooming, trata de personas
• Uso responsable de TICs

PRESENTACIÓN:
El objetivo de la siguiente actividad es prevenir sobre los peligros que supone el uso de internet y proporcionar herramientas para actuar como consumidores/as conscientes del buen uso de las TICs.

L@s jóvenes son los principales usuarios de los recursos digitales, y por ello son muy vulnerables a los riesgos que entraña la web (estafas, ciberbullying, violación de la privacidad, abuso sexual), que es uno de los medios de captación de los cuales se vale la trata de personas. A través de esta propuesta de taller se busca sensibilizar tanto a jóvenes como adult@s sobre la cotidianeidad de dichas amenazas y la necesidad de tomar precauciones en el uso de Internet.

CONSIGNA:
Dividir a l@s jóvenes en cuatro grupos, con un máximo de hasta cinco personas por grupo. A cada grupo se les propondrá una actividad diferente. Para finalizar se socializará lo que cada grupo ha construido.

Grupo 1: Internet es...
Este grupo deberá redactar una carta para una persona que desconoce completamente el tema, explicando qué es Internet y cuál es su utilidad fundamental.

También deben comentar cómo se utiliza y dar ejemplos cotidianos de su uso.

Uno de las principales resultados que se tienen de esta actividad es que, l@s usuari@s, suelen resaltar lo positivo de la web como lugar de acercamiento, recopilación de información, etc., mientras que los peligros que entraña su uso suelen pasar desapercibidos.

Grupo 2: ¿Qué harías si estuvieras en el lugar de...?

Se presentarán varias historias de ciberbullying narradas por l@s propi@s usuari@s, con el objetivo de ponerse en el lugar de la persona que escribe y establecer pautas de actuación. La dinámica se debe encaminar hacia la importancia que tiene la comunicación con personas que les pueden ayudar, padres, familiares, profesores o asociaciones. Debemos recordar a los usuarios que: "Nadie está libre de ser el objeto de una campaña de ciberbullying, pero las posibilidades son casi nulas si se siguen unas pautas preventivas. Comportarse con respeto en la Red, reaccionar de forma inteligente y calmada, controlar qué tipo de información se proporciona y rastrear los propios datos son muy buenas medidas de protección" (Bullying Cero Argentina).

Relato 1: "Me llamo Manuel y tengo 15 años. Hace cuatro meses me hice una cuenta de Facebook. Enseguida me empezó a agregar gente de la escuela, incluso personas que ni conocía. La verdad es que me daba vergüenza no agregarlos. Sin embargo enseguida empezaron a ponerse pesados, insultaban las fotos que colgaba yo en mi muro, me llamaban maricón, gordo. He dejado de subir fotos. Ahora se dedican a compartir mis fotos y subirlas retocadas, me ponen lazos en el pelo o dibujan un vestido. La verdad es que no aguanto más, no sé qué hacer, me da miedo conectarme y he pensado en borrar mi facebook". ¿Vos, qué harías?

Relato 2: "Mi nombre es Silvia. Hace tres meses empecé a salir con un chico que está rebueno. Todo nos va genial, salvo por una cosa: su ex, Carmen. Antes éramos amigas, pero desde que sabe que salgo con Jonathan no me deja en paz. Es muy raro porque a mí no me dice ni "mu", pero me tiene amargada en el Facebook. No para de poner de estado que le he robado a "su" Jonathan, que soy una puta y que me voy a enterar. Hay gente que pone "me gusta" y le da la razón a través de comentarios. Jon me dice que no me preocupe que se le pasará pero yo tengo miedo de que un día se le crucen los cables y me haga algo." Vos, ¿qué harías?

Grupo 3: Protegiendo nuestra identidad digital

Consigna:

Para esta actividad se plantea que cada usuari@ realice un autorretrato de su identidad digital, dibujando cómo él o ella cree que los demás lo ven en Internet. Probablemente se dibujen tal y como se ven en la realidad. No obstante a partir de allí se harán unas preguntas, las que se contestarán dos veces, según sea en la calle o en las redes sociales:

- ¿Sos vergonzos@?
- ¿Consideras como amig@s a personas que acabas de conocer?
- ¿Hablas con desconocid@s?
- ¿Le darías a una persona que no conoces tus datos o número de teléfono?
- ¿Te has hecho pasar por algún amig@ o conocid@?
- ¿La gente te felicita en el cumpleaños?

El objetivo de este ejercicio es reflexionar sobre la identidad digital. Aceptar que se es la misma persona en Internet y en la vida real.

Masculinidades

Actividad:
"La vida dentro de una caja: los hombres deben… las mujeres deben…"[19]

Ejes temáticos:
• Sexo y género
• Estereotipos y expectativas de género

Presentación:
Esta actividad destaca los estereotipos de género, tanto masculinos como femeninos, apuntando básicamente a comprender como éstos inciden en nuestro accionar cotidiano.

Consignas:

1. Proponer a l@s participantes que formen parejas y entregar tres tarjetas de un color y tres tarjetas blancas a cada pareja. En cada tarjeta de color deberán escribir una actividad, cualidad, característica o comportamiento tradicionalmente atribuido a los hombres y en cada tarjeta blanca escribir una actividad, cualidad, característica o comportamiento tradicionalmente atribuido a las mujeres. Se pueden dar al comienzo algunos ejemplos para facilitar la tarea.

2. Reunir al grupo en plenario y sobre un afiche trazar dos columnas y escribir en la parte superior "varones" en una y "mujeres" en la otra. Pedir que las duplas peguen sus tarjetas en la columna correspondiente. Revisar la lista junto con el grupo preguntando si sería posible para los hombres tener las características y los comportamientos atribuidos a las mujeres. En este punto se puede introducir la distinción entre sexo biológico y construcción social del género.

3. Dibujar en el afiche una caja al lado de cada columna, una para las mujeres y otra para los hombres, explicando que las cajas representan los espacios en que varones y mujeres son tradicionalmente condicionad@s,

---

19. *Masculinidades plurales, reflexionar en clave de género*, PNUD, Lazo Blanco, Trama, 2012.

estimulad@s y presionad@s a vivir. Es decir, cómo los estereotipos y las expectativas culturales sobre varones y mujeres condicionan las elecciones y opciones de vida.

4. Reflexionar sobre los hombres que salen de la caja, proponiendo al grupo responder las siguientes preguntas:
- ¿Cuántos hombres que conocen viven de acuerdo con todos los contenidos de la caja?
- ¿Qué sucede con los hombres que intentan adaptarse al máximo a esta caja? (discutir la existencia de un sistema de recompensas y castigos para que los hombres se mantengan en su caja, por ej. la exaltación de la virilidad como elemento altamente valorado en lo social, pero que al mismo tiempo los hace más vulnerable frente a la violencia).
- ¿De qué manera se llama la atención a los varones que no se adaptan a la caja?
- ¿Cuántos varones conocen que han "salido de la caja", es decir, varones que no encajan con los atributos de la lista de los varones?
- ¿Qué llevó a esos varones a cambiar?
- ¿Cómo se benefician esos varones al evadirse de la caja?
- ¿Cuáles fueron los obstáculos que encontraron para hacerlo?
- ¿Cómo son vistos los varones jóvenes que no se adaptan a la caja?
- ¿Existen hoy presiones sociales para que los varones vivan de acuerdo con el contenido de la caja?

5. Reflexionar sobre las mujeres que salen de la caja proponiendo al grupo responder las siguientes preguntas (en el caso de tratarse de un grupo mixto):
- ¿Cuántas mujeres conocen que han "salido de la caja", es decir, mujeres que no encajan con los atributos de la lista de las mujeres?
- ¿Qué llevó a esas mujeres a cambiar?
- ¿Cómo se benefician esas mujeres al evadirse de la caja?
- ¿Cuáles fueron los obstáculos que encontraron para hacerlo?
- ¿Cómo son vistas las mujeres jóvenes que no se adaptan a la caja de mujeres?
- ¿Existen hoy presiones sociales para que las mujeres vivan de acuerdo con el contenido de la caja?

6. Esta actividad puede concluir estimulando en el grupo la reflexión en torno a cómo varones y mujeres pueden beneficiarse si deciden vivir libres de "las imposiciones de las cajas":
- ¿Qué opciones existen a disposición?
- ¿Qué se puede hacer para escapar de las cajas (de cada género)?

Derechos sexuales

ACTIVIDAD 1:
Explorando derechos

EJES TEMÁTICOS:
• Derechos Sexuales.
• Sexualidades.

PRESENTACIÓN:
El objetivo es reflexionar sobre los derechos que deben ejercerse en el ámbito de la sexualidad y sobre el modo de ejercerlos, respetarlos y contribuir a la prevención de abusos y situaciones de violencia sexual.

Dar a conocer los derechos sexuales a l@s jóvenes posibilita prevenir situaciones futuras de abuso y/o violencia, como también el ejercicio de una sexualidad plena.

CONSIGNA:
L@s participantes deberán relacionar o unir una situación o distintos modos de pensar de l@s jóvenes con un derecho sexual o varios de ellos.

- "Hace tres años que tengo novio y nos cuidamos solo con preservativo"
- "Hace tres años que tengo novio y se cuida él con preservativo"
- "En la primera relación sexual puedes quedar embarazada"
- "Los anticonceptivos orales son para prevenir embarazos"
- "Los preservativos son para prevenir embarazos y enfermedades de transmisión sexual"
- "Tener sexo sin preservativo es mejor, además tengo una sola pareja"
- "Las mujeres que tienen hijos deben dejar de estudiar"
- "Yo decido cómo, cuándo y con quién tener relaciones sexuales"
- "Quiero recibir información sobre mi sexualidad"
- "Elijo estar con personas de mi mismo sexo"
- "No quiero ser mamá ahora"
- "Antes de tener sexo quiero ir al doctor"

- "Cuando yo (mujer) digo 'no', quiere decir no. No estoy diciendo: 'insistí para ver si cedo'"
- "Durante una relación sexual, cualquier persona tiene derecho a decir 'prefiero no hacer esto'"

Hoja de derechos sexuales reformulados para este taller:

Derecho 1: Las relaciones sexuales no deben originarse en base a la presión o fuerza de una persona sobre otra.

Derecho 2: En una relación, las dos personas tienen derecho a decir no.

Derecho 3: Cada persona tiene derecho a decidir cuándo decirle al otro "deténgase".

Derecho 4: La intimidad es importante, acariciarse públicamente los genitales o tener relaciones sexuales en lugares públicos atenta contra el derecho de l@s demás.

Derecho 5: Tanto el hombre como la mujer son responsables de sus acciones respecto de su actividad sexual.

Derecho 6: En una relación, es importante y válido conversar sobre los deseos y decisiones que cada un@ tiene.

Derecho 7: Nadie tiene derecho de hostigar o acosar sexualmente. Los abusos sexuales deben ser denunciados.

Derecho 8: Derecho a la información basada en el conocimiento científico.

Repartir a cada participante una copia de la hoja de trabajo de Derechos Sexuales.

Pedirles que los lean en forma individual o en voz alta

Debatir sobre las posibilidades de ejercer estos derechos, los obstáculos que pueden encontrarse y posibles formas de superarlos. Incluir en el debate las siguientes preguntas:

- El ejercicio pleno de estos derechos ¿cambiaría la vida de algunas personas?
- ¿Cómo se modificarían las relaciones entre los hombres y las mujeres?
- ¿Disminuirían los casos de personas con enfermedades de transmisión sexual?
- ¿Creen que habría menor cantidad de abusos sexuales?

Embarazo temprano

Actividad 2:
Proyectos de vida[20]

Ejes temáticos:
• Proyecto de vida.
• Sexualidad libre, informada y responsable.

Presentación:
Revisar el proyecto de vida, reflexionando sobre la necesidad de vivir una sexualidad libre, informada y responsable. Debatir en el grupo la posibilidad de ser madre o padre en la juventud temprana.

Un proyecto de vida implica lo que queremos ser, lo que deseamos hacer en el futuro. L@s jóvenes lo están construyendo y el abanico de posibilidades es amplio y la maternidad y/o paternidad posibles.

Consigna:
Distribuir revistas o fotografías de revistas o pedir a l@s participantes que las consigan. Solicitar a l@s participantes que reflexionen a partir de la pregunta: "¿Cuál es tu proyecto o proyectos en la vida? (15`)

Cada un@ hará un collage utilizando las imágenes de las revistas, crayones y hojas o escribirá sobre su propio proyecto de vida.

Para finalizar formar grupos de 4 o 5 personas para que cada un@ comparta lo que reflexionó y representó. Intercambiarán impresiones. Se deberá designar a una persona para que registre el debate. Luego tratarán de contestar algunas de las preguntas guía:

- Los proyectos que tienen para sus vidas: ¿incluyen la posibilidad de tener hij@s?, ¿cuándo?, ¿con quién?, ¿cómo?, ¿cuántos?
- ¿Qué sucedería con mis proyectos si quedara embarazada sin buscarlo? ¿Terminaría la escuela? ¿Qué apoyo necesitaría para ello? ¿Podría continuar disponiendo de mi tiempo libre o realizando las actividades que desarrollo habitualmente? ¿Tendría tiempo libre?

---

20. Basado en Católicas por el Derecho a Decidir, *Acuarelas. Cuadernos inacabados para el abordaje de los derechos sexuales y reproductivos: con mujeres y jóvenes desde la perspectiva de Católicas por el Derecho a Decidir*, Argentina, 1998.

- Este cambio, ¿sería igual para los varones?
- ¿Qué podemos hacer para que l@s hij@s lleguen en el momento que realmente queremos y no en otro momento de nuestras vidas?
- ¿El Estado tiene alguna responsabilidad en esto? ¿Cuál? ¿Puede ayudarnos a prevenir embarazos no deseados? ¿Qué instituciones públicas pueden ayudarnos para ello?

Cada grupo preparará las conclusiones del trabajo en un afiche y lo presentará en el plenario.

Derechos Sexuales y Reproductivos

Actividad:
La puerta de los Derechos.

Ejes temáticos:
• Derechos Sexuales y Reproductivos.
• Sexualidad.
• Ciudadanía.

"Los derechos sexuales y reproductivos son aquellos que reconocen la facultad de las personas para tomar decisiones libres respecto a su capacidad reproductiva y su vida sexual. Son condición indispensable del ejercicio de una ciudadanía plena"[21].

Esta actividad tiene como propósito revisar el conocimiento de los jóvenes acerca de sus derechos sexuales y reproductivos y así poder identificar las posibles vulneraciones de los mismos, como así también reflexionar ante la diversidad en la elección sexual.

Consigna:
L@s jóvenes se colocan en hilera mirando una pared (a una distancia considerable) donde hay una puerta dibujada en cartulina que dice "Puerta de los derechos". Se leen varias consignas que, según nuestras vivencias, nos acercan o nos alejan de esa puerta:

• Puedes decidir libremente sobre tu cuerpo. Un paso adelante.
• Sentiste alguna vez discriminación por tu elección de pareja. Un paso atrás.
• Recibiste adecuada información sobre educación sexual. Un paso adelante.
• Obtuviste fácilmente información sobre métodos anticonceptivos. Un paso adelante.

---

21. Proyecto presupuesto participativo 2007: "Talleres en Prevención de violencia familiar".

- L@s jóvenes que en distintas situaciones se avergonzaron de su cuerpo. Un paso atrás.
- L@s jóvenes que decidan cuándo, cómo y con quién tener relaciones sexuales. Un paso adelante.
- Alguna vez te sentiste vulnerad@ en tu derecho a la intimidad. Un paso atrás.
- Tuviste fácil acceso a métodos anticonceptivos con la debida información. Un paso adelante.
- Quienes sienten que viven en un ámbito libre de violencia. Un paso adelante.
- L@s que se sintieron alguna vez discriminad@s por alguna situación, dentro del ámbito escolar. Un paso atrás.
- L@s jóvenes que hayan sufrido o estén sufriendo situaciones de violencia física, verbal, sexual, emocional. Un paso atrás.

Luego de leer todas las consignas se invita a l@s jóvenes a ver cuánt@s son l@s que están más cerca de la puerta de los derechos.

Reflexionamos entre tod@s acerca de los derechos sexuales y reproductivos y cuáles son las dificultades en relación al conocimiento y apropiación de los mismos.

Se l@s invita a generar una propuesta de trabajo con el fin de que otros jóvenes conozcan sus derechos. Para terminar la actividad se puede entregar a l@s jóvenes una hoja impresa con los derechos sexuales y reproductivos.

Conclusiones generales

El corto tiempo transcurrido desde la sanción e implementación de la nueva Ley de Educación Sexual Integral (Ley ESI 26.150) –menos de una década– nos ubica frente a desafíos que aún siguen siendo iniciáticos.

La construcción del rol docente como formador/a en sexualidad integral, el encuadre de los derechos sexuales y reproductivos en el marco de los derechos humanos, la necesidad de abandonar los mandatos de un modelo genérico binario (hombre-mujer) son perspectivas de transformación tan trascendentes como novedosas en el camino hacia la aplicación de una política de educación sexual integrada.

En tanto, las elecciones de l@s jóvenes en materia de espacios de encuentro, ritos de pasaje, construcciones identitarias, consumos, etc., nos sorprenden continuamente. Incluso los modos de poner en acto viejas violencias cambian usando nuevos soportes como la web, los celulares, etc. En esta desafiante convivencia de cambio vertiginoso la tarea de l@s formadores/as sigue siendo la misma: fortalecerl@s en prácticas inclusivas, que amplíen sus derechos y garantías.

Pensar hoy el ejercicio pleno de los derechos de l@s jóvenes nos obliga a revisar todos los mandatos sexistas con los que las instituciones –escuela incluida– reproducen modelos patriarcales. Sobre todo la inscripción de la educación en sexualidad en el discurso de la biología –que nos lleva a un abordaje sexista binario, focalizado en la reproducción– y el de la medicina –que resulta siempre reduccionista focalizando en enfermedades de transmisión sexual o métodos de anticoncepción.

La Educación Sexual Integral nos propone una entrada de doble clivaje: la perspectiva de la equidad de género y el marco general de los derechos humanos. La escuela, otrora productora de órdenes corporales disciplinarios, homogeneizantes y binarios, se enfrenta en la actualidad con la necesidad de resignificar no sólo al cuerpo sino también sus sensaciones, el deseo, el placer. De ahí que el desafío sea el de construir "nuevos" sentidos y significados de y sobre el cuerpo, no sólo desde las múltiples subjetividades juveniles sino también incluyendo al/a otr@ desde la más amplia igualdad.

Bibliografía

AA.VV. (2008) *Construyendo Equidad*, disponible en http://www.rosario.gov.ar/sitio/verArchivo?id=3209&tipo=objetoMultimedia

Boggino, Norberto (2008) "Diversidad y convivencia escolar. Aportes para trabajar en el aula", en REXE: *Revista de Estudios y Experiencias en Educación*. UCSC. N° 14.

Caporal Pérez, Verónica; Bailón Vásquez, Fabiola; Montiel Torres, Oscar (2013) *Diagnóstico del ciclo vital de las mujeres en situación de prostitución y su relación con el proxenetismo*. Centro de Estudios Sociales y Culturales "Antonio de Montesinos". Méjico.

Cornelis, Stella Maris (2004-05) "Control y generización de los cuerpos durante el peronismo. La educación física como transmisora de valores en el ámbito escolar (1946-1955)", en *Revista La Aljaba*. 2° época. Vol. IX., disponible en www.biblioteca.unlpam.edu.ar/pubpdf/aljaba/n09a6cornelis.pdf

Cosse, Isabella (2008) "Progenitores y adolescentes en la encrucijada de los cambios de los años sesenta. La mirada de Eva Giberti", en *Revista Escuela Historia*. FH.UNSA. Año 7, Vol. 1 N° 7, disponible en http://www.unsa.edu.ar/histocat/revista/revista0708.htm

De Paz Trueba, Yolanda (2007) "Cuerpos en la mira. Estrategias y discursos reglamentadores como dispositivos para naturalizar la desigualdad de género y la socialización de lo biológico. El sur bonaerense en el siglo XIX", en *Revista Escuela de Historia*. FH.UNSA. Año 6, Vol.1, N° 6, disponible en http://www.unsa.edu.ar/histocat/revista/revista0605.htm

Darré, Silvana (2013) *Maternidad y tecnologías de género*. Lugar, Buenos Aires.

Darré, Silvana (2005) *Políticas de Género y Discurso Pedagógico. La educación sexual en el Uruguay en el siglo XX*. Trilce, Montevideo.

Defensoría del Pueblo (2013) *Derechos Sexuales y Reproductivos de los Adolescentes. Plan Nacional en Materia de Derechos Sexuales y Reproductivos.* Fondo de Población de Naciones Unidas (UNFPA). Caracas.

Equipo Política Pública y de Mujer y Géneros (2005) *Plan de Igualdad de oportunidades para la equidad de género en el Distrito Capital 2004-2016.* Alcaldía Mayor de Bogotá.

Felitti, Karina (2009) "Difundir y controlar: Iniciativas de educación sexual en los años sesenta", en *Revista Argentina de Estudios de Juventud.* UNLP. Año. 1, Nº 1, disponible en perio.unlp.edu.ar/ojs/index/revista dejuventud/article..../1252

Fernández, Ana María (1993) *La mujer de la Ilusión.* Sudamericana, Buenos Aires.

Ferreira, Graciela (1992) *Hombres violentos, mujeres maltratadas.* Sudamericana, Buenos Aires.

Franco, Saúl (1999) *El Quinto. No matar. Contextos explicativos de la violencia en Colombia.* IEPRI, Bogotá.

Instituto de las Mujeres (2012) *Salud Sexual y reproductiva y adicciones. Estrategia Educativa de capacitación dirigido a docentes multiplicadoras y multiplicadores.* Tomo II. México.

Lionetti, Lucía (2001) "Discursos, representaciones y prácticas educativas sobre el cuerpo de los escolares. Argentina las primeras décadas del siglo XX" en *Cuadernos de Historia* 34. Dpto. Ciencias Históricas. Universidad de Chile, disponible en www.scielo.cl/pdf/cuadhist/n34/art02.pdf.

Secretaría de Cultura, Recreación y Deporte (s/f) "Construcción colectiva de una política pública de la mujer y géneros por una comunicación libre de sexismos" disponible en http://www.culturarecreacionydeporte.gov.co/portal/sites/default/files/Protocolo%20Comunicaciones.pdf

Perelman, Pablo (2015) "Los muchachos feministas", en diario *Página/12,* 06/06/15, disponible en www.pagina12.com.ar/diario/sociedad/3-274352-2015-06-06.htm

Rotondi, Gabriela (comp). (2001) *Jóvenes, Derechos y ciudadanía en la escuela. Intervenciones desde la Universidad Pública.* Espartaco, Córdoba.

Scharagrodsky, Pablo (2009) "La educación del cuerpo de las niñas en el marco del Sistema Argentino de Educación Física en las primeras décadas del siglo XX", en jornadascinig.fahce.unlp.edu.ar/2009/eje1/schragrosky_pdf

Travaini, Andrea (comp.) (2013). *La Educación Sexual Integral va a la escuela. Propuestas posibles para implementar en el aula.* Rosario, Homo Sapiens.